Universale Economica F

NAGIB MAHFUZ
NOTTI DELLE MILLE E UNA NOTTE

Traduzione di Valentina Colombo

Feltrinelli

Titolo dell'opera originale
LAYĀLĪ ALF LAYLAH

Traduzione dall'arabo di
VALENTINA COLOMBO

Prima edizione ne "I Narratori" febbraio 1997
Prima edizione nell'"Universale Economica" gennaio 1999
Settima edizione marzo 2008

ISBN 978-88-07-81526-3

Personaggi principali in ordine di apparizione

Shahriyàr, *sultano*
Dandàn, *visir*
Shahrazàd, *sultana*
Dunyazàd, *sorella di Shaharazàd*
Abd Allah al-Balkhi, *shaykh*
Zubayda, *figlia dello shaykh*
Abd al-Qàdir al-Mahini, *medico*
Ali al-Salùli, *primo governatore*
Sanʿan al-Gammàli, *commerciante*
Fàdil Sanʿan, *figlio di Sanʿan al-Gammàli*
Karam al-Asìl, *milionario*
Sahlùl, *commerciante di mobili*
Nur al-Din, *venditore di profumi e futuro segretario particolare di Maʿrùf*
Shamlùl il gobbo, *buffone di corte*
Sinbàd, *marinaio*
Ugr, *barbiere*
Aladino, *figlio di Ugr*
Maʿrùf il ciabattino, *futuro settimo governatore*
Umm Saʿad, *moglie di Sanʿan al-Gammàli*
Qumqàm, *primo genio*
Singàm, *secondo genio*
Butaysha Murgan, *segretario particolare dei primi tre governatori*
Gamasa al-Bulti, *capo della polizia di Ali al-Salùli* (v. Abd Allah)

Khalìl al-Hamadhàni, *secondo governatore*
Yusuf al-Tàhir, *terzo governatore*
Adnàn Shuma, *primo capo della polizia di Yusuf al-Tàhir*
Abd Allah, *facchino, già Gamasa al-Bulti*
Humàn al-Fiqi, *segretario particolare di Yusuf al-Tàhir*
Bayùmi al-Armal, *secondo capo della polizia di Yusuf al-Tàhir*
Sakhrabùt, *primo genio maligno*
Zarmabàha, *secondo genio maligno*
Il folle, già Abd Allah, *futuro capo della polizia di Maʿrùf*
Anìs al-Galìs, *misteriosa donna, amante di numerosi notabili del quartiere*
Sulaymàn al-Zayni, *quarto governatore*
Fadl ibn Khaqàn, *segretario particolare di Sulaymàn al-Zayni*
Muʿin ibn Sawi, *ciambellano di Sulaymàn al-Zayni*
Qùt al-Qulùb, *schiava di Sulaymàn al-Zayni*
Haykal al-Zaʿfaràni, *segretario particolare di Fadl ibn Khaqàn*
Darwìsh Umràn, *capo della polizia di Fadl ibn Khaqàn*
Habbazalam Bazzàza, *figlio di Darwìsh Umràn*
Abbàs al-Khalìgi, *sesto governatore*
Sàmi Shukri, *segretario particolare di Abbàs al-Khalìgi*
Khalìl Fàris, *capo della polizia di Abbàs al-Khalìgi*

SHAHRIYÀR

Terminata la preghiera dell'alba, quando nubi d'oscurità si ergevano immobili ad affrontare vigorosi fiotti di luce, il visir Dandàn venne convocato al cospetto del sultano Shahriyàr. La compostezza, caratteristica principale di Dandàn, scomparve e nel petto dell'uomo prese a palpitare il suo cuore di padre. Mentre si vestiva balbettò: "Ora si compierà il destino, il tuo destino Shahrazàd!".

S'incamminò quindi per la strada che si inerpicava sul monte in groppa a un ronzino, seguito dalla scorta e preceduto da un uomo con in mano una fiaccola che ardeva nell'aria colma di rugiada e gradevole frescura. Tre anni erano trascorsi fra il timore e l'attesa fiduciosa, fra la morte e la speranza. Erano trascorsi narrando racconti, grazie ai quali per Shahrazàd l'ora della morte si era allontanata per tre anni. Purtroppo i racconti, come tutte le cose, hanno una fine, ed erano terminati il giorno precedente. E ora quale destino ti attenderà, mia figlia amata?

Entrò nel palazzo arroccato in cima al monte. Il ciambellano lo condusse su un balcone che s'affacciava sul retro, su un immenso giardino. Shahriyàr apparve seduto, illuminato da un unico candelabro. Sul suo capo splendeva la chioma folta e scura; nel viso allungato brillavano gli occhi; sul petto gli scendeva una barba lunghissima. Giunto al suo cospetto, Dandàn baciò il pavimento e venne colto – nonostante si conoscessero da molto tempo – dal terrore per un uomo la cui esistenza era trascorsa all'insegna dell'intransigenza, della severità e dello spargimento di sangue innocente. Il sultano fece cenno di spegnere l'unico candelabro acceso. Calarono le tenebre. Si distinguevano solo i contorni degli alberi che emanavano un intenso profumo. Shahriyàr sussurrò:

"Che regnino le tenebre affinché si possa osservare il sorgere dell'aurora".

Dandàn lo ritenne un segno di buon auspicio ed esclamò:

"Che Allah vi conceda lunga vita, mio signore, costellata dalle notti e dai giorni più belli".

Tutto tacque. Dandàn non riuscì a penetrare il suo sguardo che non tradiva né gioia né ira; poi Shahriyàr disse con estrema calma:

"Abbiamo deciso che Shahrazàd rimarrà e diventerà nostra sposa".

Dandàn sussultò, poi si chinò per baciare la mano del sultano in segno di gratitudine, mentre lacrime di ringraziamento scorrevano nel suo cuore.

"Che Allah sostenga il tuo potere in eterno."

Il sultano, quasi pensasse alle proprie vittime, disse: "La giustizia possiede diversi strumenti, può applicarsi con la spada oppure con il perdono. Solo Allah può decidere".

"Che Allah possa dirigere i tuoi passi verso la Sua sapienza, mio Signore."

Il sovrano, compiaciuto, commentò:

"I suoi racconti sono magia bianca, dischiudono universi che inducono alla riflessione".

Il visir, ebbro di felicità, non profferì parola, e il sultano proseguì:

"Mi ha dato un figlio placando le tempeste che agitavano la mia anima".

"Vi auguro, mio signore, di essere felice nella dimora terrena e nell'altra."

"Felice!" commentò il sultano.

Dandàn era turbato per un motivo che gli era sconosciuto. Il canto del gallo si levò nell'aria. Shahriyàr, come se stesse parlando tra sé e sé, disse:

"Ciò che c'è di più misterioso nell'esistenza è l'esistenza stessa".

E il tono della sua voce si fece più deciso quando esclamò: "Guarda!".

Dandàn guardò l'orizzonte e lo vide tingersi di rosso, avvolto da un'aura di gioia sacra.

SHAHRAZÀD

Dandàn chiese di poter incontrare sua figlia Shahrazàd. Un'ancella lo condusse sino alla stanza rosa, dai tappeti e dalle tende rosa, dai divani e dai cuscini tinti di rosso. Qui lo accolse Shahrazàd accompagnata dalla sorella Dunyazàd.

"La felicità grava sulle mie spalle, sia lode ad Allah, il Signore del Creato!" esclamò l'uomo.

Shahrazàd lo fece accomodare al proprio fianco, mentre Dunyazàd si ritirò nei suoi appartamenti.

"Sono sfuggita a un destino cruento grazie alla misericordia di Allah," commentò Shahrazàd.

L'uomo balbettò un ringraziamento, ma la ragazza, amareggiata, sospirò:

"Che Allah abbia misericordia delle vergini innocenti".

"Quanto sei saggia e coraggiosa!"

"Tu sai bene però, padre mio, che sono infelice," sussurrò Shahrazàd.

"Attenta figlia mia, nei palazzi i pensieri prendono corpo e parlano!"

"Mi sono sacrificata per porre fine a torrenti di sangue," commentò afflitta.

"Allah possiede la Sua saggezza," mormorò il padre.

"E Satana possiede i suoi amici," disse lei con tono astioso.

L'uomo quasi a supplicarla aggiunse:

"Egli ti ama, Shahrazàd!".

"Orgoglio e amore non possono abitare in uno stesso cuore; egli ama se stesso e nessun altro."

"L'amore può compiere miracoli..."
"Ogni volta che mi si avvicina sento l'odore del sangue."
"Il sultano non è simile agli altri uomini."
"Tuttavia un delitto rimane un delitto. Quante vergini ha ucciso, quanti timorati di Allah ha annientato... Nel suo reame sono rimasti solo gli ipocriti."
L'uomo disse rattristato:
"La mia fiducia in Allah non ha mai vacillato".
"Per quanto mi concerne so bene che il mio compito è essere paziente come mi ha insegnato il nostro grande shaykh."
"Straordinario maestro, straordinaria allieva," concluse Dandàn sorridendo.

LO SHAYKH

Lo shaykh Abd Allah al-Balkhi abitava in una modesta dimora nel quartiere vecchio. Il suo sguardo sognatore s'imprimeva nel cuore dei numerosi allievi, passati e presenti. Lasciava un'impronta indelebile nel cuore dei suoi discepoli. Per lui la devozione totale rappresentava solo il prologo, poiché egli era lo shaykh del cammino spirituale e aveva già raggiunto lo stadio dell'amore e dell'appagamento. Quando abbandonò la cella per raggiungere l'atrio d'ingresso della casa, gli si avvicinò Zubayda, la sua giovane e unica figlia, che disse gioiosa:

"La città è in festa, padre mio".

"Non è ancora arrivato il dottor Abd al-Qàdir al-Mahini?" chiese l'uomo senza prestare attenzione alle parole della figlia.

"Sarà per strada, padre mio, ma la città è in festa perché il sultano desidera che Shahrazàd diventi sua sposa, rinunciando così a spargere altro sangue."

Nulla poteva turbare la sua calma. La gioia del suo cuore non diminuiva e non aumentava. Zubayda era sua figlia e sua allieva, ma era ancora all'inizio del cammino. Udendo bussare alla porta, la ragazza andò ad aprire dicendo:

"È arrivato il tuo amico per la solita visita".

Il dottor Abd al-Qàdir al-Mahini entrò, i due si abbracciarono, poi il dottore prese posto sul paglericcio a fianco dell'amico. Come al solito la conversazione si svolse alla luce di una lanterna. Abd al-Qàdir disse:

"Senz'altro conosci già la buona notizia".

“So solo ciò che interessa alla mia conoscenza,” rispose sorridendo lo shaykh.

“La popolazione acclama Shahrazàd ed è chiaro che il merito principale è tuo,” commentò il dottore.

“Il merito spetta solo all'Amato,” disse in tono di rimprovero.

“Anch'io sono un credente, tuttavia seguo le premesse e i risultati. Se non fosse stata tua allieva sin da bambina non sarebbe diventata Shahrazàd. Se non fosse stato per le tue parole non avrebbe narrato i racconti che hanno distolto il sultano dallo spargimento di sangue.”

“Amico mio, il tuo unico difetto è quello di affidarti eccessivamente alla ragione,” lo rimproverò lo shaykh.

“La ragione è l'orpello dell'uomo.”

“È attraverso la ragione che l'uomo conosce i propri limiti.”

“Alcuni credenti ritengono che non abbia limiti,” commentò Abd al-Qàdir.

“Ho cercato invano di attirare molte persone verso il cammino, te per primo.”

“Gli uomini sono miserabili, mio signore, hanno bisogno di qualcuno che li segua e li conduca nella vita.”

“Chi possiede un'anima pura può salvare una nazione intera,” affermò convinto.

Allora il dottore, irritato, chiese:

“Ali al-Salùli è il governatore del nostro quartiere, come possiamo salvare il quartiere dalla sua corruzione?”.

“Gli zelanti sono di varie specie,” disse Abd Allah dispiaciuto.

“Io sono medico, mi interessa solo ciò che può guarire il mondo,” sottolineò con fermezza.

Lo shaykh diede un colpo leggero sulla mano del dottore che, sorridendo, disse:

“Ma tu sei il bene e la prosperità”.

“Rendo grazie ad Allah poiché la felicità non mi ha fatto vacillare e la tristezza non mi ha sfiorato,” disse lo shaykh.

“Io invece, mio caro amico, sono triste. Ogniqualvolta ricordo i timorati di Allah martirizzati per aver detto la verità, per aver protestato contro lo spargimento di sangue e il saccheggio delle ricchezze, la mia tristezza aumenta!”

“Con quanta forza afferriamo tutto ciò che è materiale!” esclamò lo shaykh.

“Persone rispettabili e timorate di Allah sono state uccise,” continuò Abd al-Qàdir afflitto, “quanto mi rattristo per te, mia città governata dagli ipocriti. Perché, mio signore, nella stalla rimane solo il bestiame peggiore?"

"Sono molti gli amanti delle meschinità."

Giunsero loro da ogni vicolo del quartiere suoni di flauti e tamburi. Compresero che la gente stava festeggiando la lieta novella. Il dottore decise quindi di recarsi al Caffè dei Principi.

IL CAFFÈ DEI PRINCIPI

Il Caffè si trovava a metà del lato destro della grande via commerciale. Era un locale a pianta quadrata, ampio; la porta d'ingresso si affacciava sulla strada principale, mentre le finestre davano sui quartieri limitrofi. Lungo le pareti c'erano divani per la clientela più raffinata, al centro invece, disposti in circolo, giacevano cuscini destinati alla gente comune. Venivano servite bevande, calde d'inverno, fredde nelle altre stagioni, ma vi si potevano anche trovare vari tipi di medicinali e hashish. Di notte era frequentato da numerose persone rispettabili del quartiere come Sanʿan al-Gammàli con il figlio Fàdil, Hamdàn Tunaysha e Karam al-Asìl, Sahlùl e Ibrahim al-Attàr con il figlio Hasan, Galìl al-Bazzàz, Nur al-Din e Shamlùl il gobbo. Vi si poteva incontrare anche gente del popolo come Ragab il facchino con il collega Sinbàd, Ugr il barbiere con il figlio Aladino, Ibrahim l'acquaiolo e Maʿrùf il ciabattino.

In quella notte festosa la gioia regnava sovrana nel cuore degli avventori. Il dottor Abd al-Qàdir al-Mahini non perse tempo e si unì al gruppo di Ibrahim al-Attàr, Karam al-Asìl il milionario e Sahlùl, il commerciante di mobili e oggetti d'arte. Quella notte erano stati sollevati da un'enorme preoccupazione che aveva assillato la comunità intera. I padri di belle fanciulle vergini erano finalmente tranquilli: ora il loro sonno sarebbe stato accompagnato da sogni privi di spettri.

I presenti ripetevano:

"Recitiamo la Fàtiha per le anime delle vittime".

"Per le vergini e per i timorati di Allah."

“Lacrime, addio!”

“Lode e ringraziamento ad Allah, Signore del Creato.”

“Lunga vita a Shahrazàd, perla delle donne.”

“Siano lodati i bei racconti.”

“Non sono altro che il risultato della misericordia divina.”

I festeggiamenti e i discorsi si protrassero sinché si levò la voce di Ragab il facchino che disse:

“Sei pazzo, Sinbàd?”.

Ugr, che adorava ficcare il naso ovunque, domandò:

“Che cosa lo fa impazzire in questa serata di gioia?”.

“Pare che detesti il proprio mestiere e che sia stanco della città. Da domani non vuole più fare il facchino.”

“Desidera forse assumere il controllo del quartiere?”

“Si è recato dal capitano di una nave e ha insistito sino a che quest’ultimo lo ha assunto come mozzo.”

Ibrahim l’acquaiolo commentò:

“Certo sarebbe da ritenersi pazza la persona che abbandona un guadagno sicuro sulla terraferma per rincorrere un guadagno incerto in mare”.

“Il mare che sin dai tempi antichi ha tratto nutrimento dai cadaveri,” disse Maʿrùf il ciabattino.

Sinbàd, con un tono di sfida, replicò:

“Sono stanco dei vicoli e dei quartieri, sono stanco di trasportare mobili e delle consegne, senza speranza di vedere uno scenario nuovo. Là invece la vita è diversa, là il fiume si ricongiunge con il mare, il mare penetra l’ignoto, l’ignoto genera isole e alture, esseri viventi, angeli e demoni. È un richiamo meraviglioso e irresistibile. Mi sono detto: tenta la fortuna, Sinbàd, e gettati tra le braccia del mistero”.

“Viaggiare è una benedizione,” disse Nur al-Din, il venditore di profumi.

“Un gradito saluto da parte di un amico di gioventù,” commentò Sinbàd.

Ugr il barbiere chiese ironicamente:

“Vuoi forse, tu facchino, far credere di appartenere ai notabili?”.

“Ci siamo seduti l’uno a fianco dell’altro nella stanza della preghiera ad ascoltare gli insegnamenti del nostro maestro Abd Allah al-Balkhi,” ribatté Nur al-Din.

“E come molti altri mi sono accontentato di apprendere i rudimenti della recitazione coranica e della fede,” aggiunse Sinbàd.

E Ugr, sempre più sarcastico, disse:

"La terraferma non diminuirà con la tua partenza né il mare aumenterà".

Nell'udire questa affermazione il dottor Abd al-Qàdir al-Mahini prese la parola:

"Va' e che Allah ti protegga, ma stai attento. Possa tu ricordare tutte le avventure meravigliose che ti accompagneranno. Così ha comandato Allah. Quando partirai?".

"Domani mattina," sussurrò Sinbàd, "che Allah il Vivente e l'Eterno vi protegga."

"Quanto mi rattrista separarmi da te, Sinbàd!" disse il collega, Ragab il facchino.

SANʿAN AL-GAMMÀLI

1.

Il tempo gli inferse un colpo al cuore e lo svegliò. Volse lo sguardo verso la finestra vicina al letto e vide attraverso la fessura la città avvolta dalle tenebre. Il sonno l'aveva privata del movimento e dei rumori, facendola piombare in un silenzio carico di pace cosmica. Si staccò dal corpo tiepido di Umm Saʿad e si alzò. I suoi piedi sprofondarono in un soffice tappeto persiano. Allungò le braccia per cercare a tastoni il candelabro quando colpì un corpo solido e, spaventato, esclamò:

"Cos'è questo?".

Si levò uno strano grido, mai udito prima. Non si trattava di voce umana, né di un verso di animale. Il rumore pervase i suoi sensi quasi si propagasse per la città intera.

"Ehi cieco, mi hai pestato la testa!" esclamò una voce adirata.

Fu paralizzato dalla paura. Non rimaneva in lui nemmeno una briciola di coraggio. L'unica cosa che ormai sapeva fare erano gli affari.

"Ehi ignorante, mi hai pestato la testa!" insisté la voce.

"Chi sei?" chiese tremante.

"Sono Qumqàm!"

"Qumqàm?"

"Un genio della città."

Fu sul punto di venir meno dal terrore e gli si formò come un nodo in gola.

"Mi hai fatto male, meriti una punizione."

La sua lingua non fu in grado di difendersi e Qumqàm riprese:

"Ipocrita, ieri ti ho udito dire che la morte è quel che ci meritiamo. Allora perché adesso te la fai sotto dalla paura?".

"Abbi pietà di me, sono un padre di famiglia," supplicò.

"La mia punizione colpirà solo te."

"Non ho pensato, nemmeno per un unico istante, di opporti resistenza."

"Voi creature moleste cercate disperatamente di sottometterci per realizzare i vostri vili obiettivi. La vostra cupidigia non è paga di sottomettere i più deboli tra voi?"

"Ti giuro che..."

"Non mi fido del giuramento di un commerciante," lo interruppe Qumqàm.

"Ti domando misericordia e perdono."

"Quale motivo dovrebbe spingermi a farlo?"

"Il tuo grande cuore," sospirò.

"Non stai cercando di imbrogliarmi come fai con i tuoi clienti?"

"Fallo solo per amore di Allah."

"Non ci sono misericordia né perdono che non abbiano un prezzo."

L'uomo intravide un barlume di speranza e disse con entusiasmo:

"Farò quel che desideri".

"Davvero?"

"Con tutta la forza che possiedo," sospirò.

"Uccidi Ali al-Salùli," disse il genio con straordinaria calma.

La felicità si trasformò repentinamente in delusione, come quando una mercanzia, giunta da oltremare dopo tante peripezie, rivela, a seguito di una verifica, di essere ormai inutile.

"Ali al-Salùli, il governatore del nostro quartiere?" chiese terrorizzato.

"In persona."

"Ma è il governatore; abita nella sua residenza sorvegliatissima e io non sono che un commerciante."

Il genio esclamò:

"Allora né misericordia né perdono".

"Signore, perché non lo ammazzi tu stesso?"

"Mi ha addomesticato con la magia nera," disse Qumqàm disperato, “e si vale del mio aiuto per compiere azioni che la mia coscienza non approva.”

“Ma tu possiedi una forza che supera la magia nera.”

“Noi dobbiamo sottostare a leggi speciali. Smettila di contestare. Prendere o lasciare.”

Sanʿan, infervorato, domandò:

“Non hai altri desideri? Possiedo denaro in abbondanza e merci provenienti dall’India e dalla Cina”.

“Non perdere tempo invano, stolto!”

Provocato nuovamente, si arrese disperato e disse:

“Sono a tua disposizione”.

“Attento a non imbrogliarmi.”

“Affido tutto al mio destino.”

“Sarai in mio potere anche se ti rifugiassi sui monti Qaf.”

In quell’istante Sanʿan provò un dolore acuto al braccio e lanciò un grido che gli strappò l’anima.

2.

Sanʿan aprì gli occhi e udì la voce di Umm Saʿad che gli diceva: “Perché hai dormito sino a quest’ora?”.

La donna accese le candele mentre egli si guardava intorno atterrito. Se era stato tutto un sogno perché mai lo impensieriva più della veglia? Era sembrato talmente reale che lo terrorizzava ancora. Ciononostante assaporò il nettare della salvezza, avvolto dalla calma e dalla consapevolezza della grazia ricevuta. Il mondo ritornava all’ordine dopo la distruzione totale. Quanto è piacevole la vita dopo le torture dell’inferno!

“Allah mi guardi da Satana il lapidato,” esclamò.

Umm Saʿad lo guardò infilandosi alcuni ciuffi di capelli sotto un fazzoletto che le copriva il capo. Il sonno occultava la bellezza del suo viso sotto uno strato di colore olivastro. Sanʿan ebbro di gioia per la propria salvezza, gridò:

“Sia lode ad Allah che mi ha salvato da un immenso tormento”.

“Che Allah ci protegga, Sanʿan.”

“Ho fatto un sogno atroce, Umm Saʿad.”

“È bene, se è la volontà di Allah.”

Si diresse verso il bagno, quindi accese una lampada. Egli la seguì e riprese il discorso:

“Ho trascorso parte della notte in compagnia di un genio”.
“Tu sei un timorato di Allah, come può essere accaduto?”
“Racconterò il tutto allo shaykh Abd Allah al-Balkhi. Va’ in pace; ora compirò le abluzioni.”
Iniziò a fare le abluzioni ma, mentre si lavava, il braccio sinistro prese a dolergli improvvisamente. Si fermò tremante.
“Signore!”
Atterrito guardò una ferita simile a un morso. Non era certo un’illusione quel che stava vedendo: nella sua carne erano affondati dei denti, provocando una fuoriuscita di sangue.
“È impossibile,” borbottò scuotendo la testa.
Impaurito balzò in piedi e s’affrettò verso la cucina. Umm Saʿad, che stava accendendo la stufa, chiese:
“Hai fatto le abluzioni?”.
“Guarda,” le disse mostrandole il braccio.
“Chi ti ha morsicato?” gridò la donna incuriosita.
“Non so...”
“Però hai dormito bene,” esclamò turbata.
“Non so che cosa sia successo.”
“Potrebbe essere accaduto di giorno.”
“No,” la interruppe, “non è accaduto di giorno.”
Si scambiarono sguardi preoccupati, colmi di pensieri ignoti.
“Narrami il sogno,” disse spaventata.
“Ti ho detto che era un genio,” disse preoccupato, “ma era solo un sogno.”
Incrociarono nuovamente gli sguardi, si scambiarono pensieri atroci. Umm Saʿad consigliò:
“Che il fatto rimanga segreto”.
Sanʿan comprese che l’apprensione della moglie era pari alla sua. Se la notizia dello spiritello si fosse diffusa avrebbe potuto rovinare la sua reputazione di commerciante e quella dei suoi figli, Husniyya e Fàdil. Il sogno avrebbe portato alla rovina totale. D’altronde non era ancora sicuro di nulla.
“Un sogno è solo un sogno,” commentò Umm Saʿad, “e il segreto della ferita solo Allah lo conosce.”
“Questo bisogna ammetterlo,” disse rassegnato.
“In questo momento è importante che tu ti curi, quindi va’ dal tuo amico Ibrahim al-Attàr.”
Come scoprire la verità? Il terrore ora lo opprimeva e lo esasperava. Bruciava dalla rabbia. Sentiva che le cose andavano di male in peggio. Tutto il suo essere ribolliva di rabbia e indigna-

zione, il suo umore peggiorava. Era come se fosse rina… natura opposta alla mitezza che lo caratterizzava un temp… sopportava più gli sguardi della moglie, anzi la odiava e ne c… stava i pensieri. Provò il desiderio di distruggere tutto ciò che lo circondava. Senza rendersi conto trafisse la moglie con un'occhiata al contempo furente, indispettita e inquieta, come se fosse lei la responsabile della sua persecuzione. Poi si voltò e uscì, mentre la donna sussurrava:

"Questo non è il Sanʿan di una volta".

Sanʿan trovò in sala Fàdil e Husniyya avvolti dalla pallida luce che filtrava dalle fessure delle persiane. Il turbamento si dipinse sul volto di entrambi, mentre il padre alzava la voce infuriato. La rabbia aumentava e, contrariamente alle sue abitudini, inveì contro di loro senza ragione.

"Sparite dalla mia vista!"

Chiuse dietro di sé la porta della camera da letto e prese a esaminarsi il braccio. Fàdil, facendosi coraggio, lo seguì e gli si rivolse preoccupato:

"Spero che tu stia bene, padre".

"Lasciami solo," bofonchiò Sanʿan.

"Ti ha morsicato un cane?"

"Chi te lo ha detto?"

"Mia madre."

Riconobbe la saggezza della moglie e assentì. Tuttavia la sua condizione non migliorava.

"Non è nulla," disse, "sto bene, ma lasciami solo."

"Devi andare dal droghiere."

"Non è necessario che qualcuno me lo ricordi," borbottò.

Fuori dalla stanza, Fàdil disse a Husniyya:

"Come è cambiato nostro padre!".

3.

Per la prima volta nella vita, da quando era ragazzo, Sanʿan al-Gammàli uscì di casa senza recitare la preghiera del mattino. Si recò alla bottega di Ibrahim al-Attàr. Era un amico di vecchia data e un vicino nella via commerciale. Alla vista del braccio il droghiere chiese stupito:

"Che razza di cane è stato? Sono comunque molti i cani randagi".

ne erbe e disse:
ta infallibile”.
e erbe sinché depositarono una sostanza viscosa.
n acqua di rose, la ricoprì con la sostanza che ste-
tola di legno, infine fasciò il braccio con mussola

se Allah lo vorrà,” borbottò.

E Sanʿan esclamò involontariamente:

“Che Satana faccia quel che gli pare!”.

Ibrahim al-Attàr scrutò il volto congestionato dell’amico e, stupito del cambiamento, disse:

“Non lasciare che una ferita da nulla alteri la dolcezza della tua natura”.

“Non fidarti di questo mondo, Ibrahim,” lo avvertì con il volto contrito.

Come era preoccupato! Era come se si fosse lavato con acqua bollente. Il sole era cocente e spietato. I volti degli uomini erano desolati. Fàdil aveva preceduto il padre in bottega e lo accolse con un sorriso raggiante che non fece che raddoppiare la sua ira. Nonostante la sua buona disposizione verso ogni sorta di clima, quel giorno maledisse il tempo. Non ricambiò il saluto. Non rivolse il benvenuto a nessuno. Non si rallegrò né all’udire una parola né alla vista di un volto. Non rise a una battuta. Non si ricredette nemmeno al passaggio di un funerale. Non fu allietato da un viso leggiadro. Che stava accadendo? Fàdil dispiegò tutte le sue energie per mediare tra il padre e i clienti. Molti gli domandarono sottovoce:

“Che cosa ha oggi tuo padre?”.

E il giovane rispondeva seccato:

“È indisposto. Che Allah non ti veda mai malato”.

4.

I frequentatori del Caffè dei Principi non tardarono molto a scoprire l’insolita condizione di Sanʿan. Egli si diresse verso di loro corrucciato, si sedette in silenzio, conversò in maniera distratta, si astenne da ogni commento ironico. All’improvviso, indispettito, lasciò il locale. Ibrahim al-Attàr disse:

“Lo ha morsicato un cane rabbioso”.

“Lo abbiamo perso totalmente,” commentò Galìl al-Bazzàz.

Karam al-Asìl, il milionario dalle sembianze di scimmia, precisò:

"Ma il suo commercio prospera".

"Il valore del denaro va in fumo quando si è malati," disse il dottor Abd al-Qàdir al-Mahini.

Ugr il barbiere, l'unico tra le persone sedute a terra a intromettersi talvolta nei discorsi dei notabili, disse filosofeggiando:

"Che cos'è l'uomo? Una morsicatura di cane oppure la puntura di una mosca".

"Mio padre sta bene. È solo indisposto. Per domani mattina tutto sarà risolto," urlò Fàdil Sanʿan.

Purtroppo sprofondò in uno stato difficile da controllare. Quella notte trangugiò una forte dose di stupefacenti, e lasciò il Caffè ebbro di energia, pronto a sfidare l'ignoto. Non sopportava l'idea di rientrare a casa e iniziò a vagare nel buio in stato confusionale e con la volontà che lo spingeva verso spettri litigiosi. Sperava accadesse qualcosa che inghiottisse quella tensione incontrollabile e lo liberasse dal tormento. Pensò alle donne della sua famiglia morte da tempo, se le immaginò nude in posizioni molto seducenti e si dispiacque di non avere mai approfittato di una sola di loro. Passò dal vicolo in cui abitava lo shaykh Abd Allah al-Balkhi e per un istante considerò l'idea di fargli visita e di confessargli l'accaduto, poi però accelerò il passo e andò oltre. Alla luce di un lume sospeso sulla porta di un'abitazione apparve una fanciulla sui dieci anni che procedeva per la strada recando una bacinella. Si precipitò verso di lei e tagliandole la strada le chiese:

"Dove vai, bambina?".

"Torno da mia madre," rispose innocentemente.

L'uomo piombò nell'oscurità sino a scomparire dalla vista, poi disse:

"Vieni a vedere una cosa curiosa".

La prese in braccio, l'acqua della bacinella si riversò sulla veste di seta di Sanʿan. La condusse sotto la scalinata della scuola. La ragazzina era confusa da quella misteriosa tenerezza, non le piaceva e si lamentò:

"Mia madre mi aspetta".

Tuttavia Sanʿan suscitava in lei curiosità mista a timore. L'età dell'uomo – che le ricordava suo padre – in un certo qual modo la rassicurava, anche se una sensazione di ignoto timore pareva preannunciare un sogno meraviglioso. La fanciulla lanciò un grido commovente che lacerò l'essere di Sanʿan e generò nella sua immaginazione offuscata fantasmi allarmanti. Tutto d'un tratto le sigillò la bocca con le proprie labbra tremanti. Era come se fosse stato schiaffeggiato e avesse ripreso conoscenza. Una volta tornato sulla terra sussurrò in tono supplichevole:

"Non piangere... non temere".

La disperazione aumentò sino a frantumare i pilastri che sorreggevano il mondo. Dalla distruzione totale udì il rumore di passi che si avvicinavano. Rapidamente afferrò, con mani che gli erano estranee, il sottile collo della bambina e precipitò nel baratro come una belva cui sono state spezzate le zampe. Si rese conto che era finita quando avvertì una voce che gridava:

"Basìma, figlia mia, Basìma".

Era inevitabile, pensò disperato.

I passi si stavano avvicinando al suo nascondiglio illuminato solo da una debole luce. Venne assalito dal desiderio di uscire con il cadavere, ma una presenza opprimente assalì il suo essere ormai in sfacelo e ricordò il sogno. Sentì la voce udita due giorni prima che gli chiedeva:

"Era forse questo il nostro accordo?".

"Quindi sei vero, non sei un sogno," disse in tono arrendevole.

"Non c'è dubbio, sei pazzo."

"Sono d'accordo, ma tu sei la causa della mia follia."

"Non ti ho ordinato malvagità," ribatté adirato il genio.

"Non c'è tempo per le discussioni. Salvami di modo che possa adempiere al nostro accordo."

"Sono qui per questo, ma tu non lo capisci."

Sentì di essere trasportato nel vuoto in un mondo in cui regnava il silenzio, poi udì ancora la voce che diceva:

"Non scopriranno le tue impronte. Apri gli occhi e ti troverai di fronte alla tua abitazione. Entra fiducioso. Ti aspetterò".

5.

Con uno sforzo sovrumano Sanʿan riuscì a controllarsi. Umm Saʿad non si accorse che la sua condizione era ulteriormente peggiorata. Si nascose dietro l'oscurità delle proprie palpebre e iniziò a pensare a quel che aveva fatto. Era un'altra persona. L'assassino usurpatore era un'altra persona. La sua anima aveva partorito esseri bestiali, a lui sconosciuti. Ora, libero dal proprio passato, riposta ogni speranza, si rivolse all'ignoto. Non aveva dormito, ma nessun particolare pareva rivelare la notte passata insonne. La mattina presto udì una voce che preannunciava la morte. Umm Saʿad scomparve un istante, poi rientrò dicendo:

"Che Allah sia con te, Umm Basìma".

"Che cosa è successo?" domandò con sguardo interrogativo.

"Che cosa è accaduto alla gente, Sanʿan? La bambina è stata violentata e poi uccisa sotto la scalinata della scuola. Una bimba, mio Signore, la pelle di alcuni uomini cela una bestia feroce."

Chinò il capo tanto che la sua barba si distese sul petto, e balbettò:

"Chiedo ad Allah che mi protegga da Satana il lapidato".

"Quelle fiere non conoscono né Signore né Profeta."

La donna scoppiò in lacrime.

Sanʿan iniziò a domandarsi se era stato il genio, oppure gli stupefacenti oppure Sanʿan al-Gammàli.

6.

Ogni angolo del quartiere era in fermento. Il delitto era l'unico argomento di conversazione. Ibrahim al-Attàr, mentre preparava il medicamento per Sanʿan, disse:

"La ferita non si è rimarginata, c'è ancora pericolo".

Poi mentre avvolgeva il braccio nella benda di mussola chiese: "Hai sentito del delitto?".

"Cerco rifugio in Allah," commentò irritato.

"L'assassino non è un essere umano. I nostri figli prendono moglie quando raggiungono la pubertà."

"Non c'è dubbio, è stato un folle."

"Oppure uno di quei vagabondi che non possono maritarsi. Costoro si aggirano per le strade come cani randagi."

"Molti sostengono questa ipotesi."

"Ma allora che cosa ci sta a fare Ali al-Salùli come governatore?"

Nell'udire quel nome, Sanʿan rabbrividì e ricordò l'accordo che pendeva su di lui come una spada, ma poi disse:

"È occupato da faccende personali e dal computo delle donazioni e dei mercimoni dei corruttori".

"Noi commercianti non possiamo certo negare i favori che ci ha concesso, tuttavia deve ricordare che il suo compito principale è mantenere l'ordine."

"Non ti fidare di questo mondo, Ibrahim."

7.

Il governatore del quartiere, Ali al-Salùli, venne a conoscenza di quel che si diceva sulla sicurezza dal suo segretario particolare Butaysha Murgàn. Temendo che quei discorsi giungessero alle orecchie del visir Dandàn e che costui li riferisse a sua volta al sultano, convocò il capo della polizia Gamasa al-Bulti al quale domandò:

"Hai sentito quel che si dice della sicurezza durante il mio mandato?".

La calma interiore del capo della polizia era rimasta immutata anche quando era stato informato circa i segreti e le trasgressioni del suo capo, quindi commentò:

"Mi perdoni, signor governatore, non ho trascurato nessun particolare e non ho omesso nessuna informazione, ma il colpevole non ha lasciato traccia. Non abbiamo trovato un solo testimone, ho interrogato personalmente decine e decine di vagabondi e mendicanti. È un delitto misterioso che non ha nulla a che spartire con i precedenti".

"Ignorante," lo rimproverò, "arresta tutti i vagabondi e tutti i mendicanti. Sei esperto in metodi efficaci di interrogatorio."

"Non vi sono al mondo carceri a sufficienza per rinchiuderli," obiettò Gamasa.

"Quali carceri? Vuoi forse che il Tesoro si debba sobbarcare il loro mantenimento?" disse il governatore montando su tutte le furie, "radunali all'aperto, chiedi aiuto all'esercito e consegnami l'assassino prima che si faccia giorno."

8.

Gli uomini della polizia fecero irruzione presso le macerie, arrestarono i mendicanti e i vagabondi, quindi li portarono a gruppi in uno spiazzo all'aperto. A nulla servirono le lamentele e i giuramenti, nessuna eccezione neanche per i più anziani. Furono talmente crudeli che gli arrestati implorarono il soccorso di Allah, del Suo Profeta e della famiglia di quest'ultimo. San'an al-Gammàli seguiva le notizie con costernazione e terrore. Era lui il colpevole, non c'era dubbio, e tuttavia se ne andava libero, onorato e rispettato. Centinaia di innocenti venivano torturati a causa del suo gesto ripugnante. Come mai era diventato la causa di tutta quella sofferenza? Uno sconosciuto lo attendeva al varco e non conferiva importanza alcuna all'accaduto. Era completamente smarrito, si era arreso senza condizioni. Il San'an di un tempo era morto e sepolto. Di lui rimaneva solo un'immagine confusa che triturava i ricordi come illusioni. Udì schiamazzi provenienti dalla via commerciale. Era Ali al-Salùli, il governatore del quartiere, che percorreva la strada a capo di uno squadrone di cavalleria per ricordare alla popolazione il suo potere, per metterla in allerta e per dissuaderla dal provocare qualsiasi tipo di disordine. Incedeva rivolgendo saluti ai commercianti schierati lungo i due lati della via. Era lui l'uomo che aveva promesso di uccidere. Il suo cuore venne travolto dal timore e dall'astio. Era un segreto che lo divorava. Era stato scelto per liberare il genio dalla magia nera del governatore! Era un genio unico, non aveva simili. La sua salvezza dipendeva dall'uccisione di Ali al-Salùli. Gli occhi di San'an s'inchiodarono su quel volto cupo e paffuto, su quella barba appuntita e su quel corpo tarchiato. Mentre passava davanti alla bottega di Ibrahim al-Attàr, il maestro Ibrahim si precipitò verso di lui e gli strinse calorosamente la mano. Quando passò davanti alla sua bottega, il governatore lo guardò ammiccando e San'an non poté fare a meno di dirigersi verso di lui e stringergli la mano. E al-Salùli gli disse:

"Ci vedremo presto, se Allah lo vuole".

San'an al-Gammàli ritornò alla bottega domandandosi che cosa intendesse il governatore con quelle parole. Lo avrebbe invitato a presentarsi al suo cospetto? Perché? Il cammino si stava appianando in modo insperato? Un brivido lo percorse da capo a piedi. Ancora turbato ripeté le sue parole:

"Ci vedremo presto, se Allah lo vuole".

9.

Quella notte mentre si accingeva a dormire, l'altro lo sorvegliava e udì una voce minacciosa dire:

"Tu mangi, bevi e dormi mentre io devo avere pazienza!".

"È un compito estremamente arduo. Gli esseri che possiedono tanta forza come te non possono comprenderne la difficoltà," disse Sanʿan rattristato.

"È comunque più semplice che ammazzare una bambina."

"Che peccato! Ho impiegato molto tempo per scegliere il meglio del meglio," sospirò.

"Non mi ingannano le apparenze."

"Non sono solo mere apparenze."

"Hai dimenticato le cose di cui bisogna vergognarsi."

"La perfezione è solo di Allah," rispose imbarazzato.

"Non sto negando i tuoi meriti, per questo motivo ti ho proposto la liberazione."

"Se tu non avessi fatto irruzione nella mia vita, non sarei stato coinvolto nel delitto," lo rimproverò Sanʿan.

"Non mentire, solo tu sei responsabile dell'assassinio che hai commesso," precisò il genio.

"La verità è che non ti capisco."

"La verità è che ti ho giudicato meglio di quanto avrei dovuto."

"Almeno mi lasciassi in pace!"

"Sono un genio credente e mi sono detto: 'La bontà di quest'uomo è superiore alla sua malvagità. Certo, intrattiene rapporti sospetti con il capo della polizia e non ha esitato ad approfittare dell'aumento dell'inflazione, tuttavia è il commerciante più onesto; elargisce elemosine, è una persona devota, misericordiosa con i poveri', per questo motivo ti ho scelto per la liberazione, per la liberazione del quartiere dal capo della corruzione e per la liberazione della tua anima criminale. Invece di realizzare un proposito tanto semplice, la tua mente è franata e ha perpetrato un atroce delitto."

Sanʿan sospirò e rimase in silenzio.

"L'occasione può ancora ripresentarsi," proseguì la voce.

"E il delitto?" chiese perplesso.

"La vita offre molte occasioni per riflettere e pentirsi."

"Ma l'uomo vive in una fortezza inespugnabile," commentò Sanʿan in tono di speranza.

"Ti inviterà a fargli visita."

"Mi pare strano."

"Ti inviterà, stanne certo, preparati."

Sanʿan rifletté un attimo, poi domandò:

"Mi prometti la salvezza?".

"Ho prescelto solo te per la salvezza."
San'an era talmente estenuato che piombò in un sonno profondo.

10.

Si stava accingendo a recarsi al Caffè quando Umm Sa'ad disse:
"Un messaggero del governatore ti aspetta in salotto".
Trovò ad attenderlo il segretario particolare del governatore, Butaysha Murgàn, dagli occhi scintillanti e la barba corta, che gli riferì:
"Il governatore desidera incontrarvi".
Aveva il cuore in gola. Era consapevole che avrebbe commesso il delitto più grave in tutta la storia del quartiere. Lo turbava che Butaysha Murgàn fosse al corrente delle circostanze della visita, ma al contempo confidava nell'aiuto di Qumqàm. Rispose al messaggero:
"Datemi solo il tempo di vestirmi".
"Vi precederò così eviteremo di attirare l'attenzione," disse l'uomo alzandosi.
L'uomo teneva molto a mantenere l'incontro segreto e gli facilitava quindi il compito. Si profumò con il muschio mentre Umm Sa'ad lo osservava, terrorizzata da uno strano presentimento che non l'aveva abbandonata dalla notte del sogno. Avvertiva che stava vivendo con un altro uomo e che il vecchio San'an era svanito nelle tenebre. Senza badare alla moglie, San'an infilò in tasca un pugnale dal manico d'argento che gli era stato portato in regalo dall'India.

11.

Ali al-Salùli lo ricevette nel giardino del palazzo estivo. Indossava un'ampia tunica bianca, aveva il capo scoperto, un dettaglio che sminuiva il timore reverenziale derivante dal potere. Aveva di fronte una tavola imbandita con bottiglie, bicchieri, frutta secca, segno di cordialità e familiarità nei confronti di San'an. Lo fece accomodare su un cuscino accanto a sé e pregò Butaysha Murgàn di rimanere.

"Benvenuto, maestro San'an, commerciante perfetto e uomo onesto," disse il governatore.

San'an biascicò qualcosa, nascondendo il proprio smarrimento con un sorriso:

"Grazie a voi, rappresentante del sultano".

Murgàn riempì tre bicchieri. San'an si domandò se Murgàn si sarebbe trattenuto sino al termine dell'incontro. Era un'occasione che forse non si sarebbe più ripresentata. Che fare?

"È una gradevole notte d'estate. Vi piace l'estate?" domandò al-Salùli.

"Mi piacciono tutte le stagioni."

"Tu sei una di quelle persone di cui Allah si compiace, e potrà completare il Suo compiacimento sapere che noi inizieremo una nuova e fruttuosa vita."

Spinto dalla curiosità, San'an commentò:

"Domando ad Allah che ci conceda il Suo favore".

Bevvero e si rilassarono inebriati e rinvigoriti dal vino. Al-Salùli prese la parola e disse:

"Abbiamo ripulito il quartiere dalle canaglie".

"Che risolutezza e che determinazione!" esclamò celando la propria tristezza.

"Ora non si sentirà più parlare né di furti né di delitti," disse Butaysha Murgàn.

"Avete scovato il colpevole?" domandò San'an con molta cautela.

Al-Salùli scoppiò a ridere e disse:

"Più di cinquanta persone hanno confessato di aver commesso il delitto".

Anche Murgàn scoppiò a ridere, tuttavia aggiunse:

"Il vero colpevole è senza dubbio tra costoro".

"È un problema di Gamasa al-Bulti," disse al-Salùli.

"È comunque nostro dovere moltiplicare le prediche nelle moschee e durante le celebrazioni delle festività religiose," raccomandò Butaysha.

San'an stava rasentando la disperazione, quando al-Salùli fece un cenno a Murgàn e quest'ultimo abbandonò il suo posto. Ma la sorveglianza era distribuita su tutta la superficie del giardino ed era impossibile trovare una via d'uscita. Tuttavia San'an non dimenticò, nemmeno per un solo istante, la promessa fatta a Qumqàm.

"Smettiamola di discorrere del delitto e degli assassini," disse al-Salùli cambiando tono di voce.

“Spero che la nottata sia di vostro gradimento, mio signore,” disse Sanʿan sorridendo.

“La verità è che ti ho invitato per più di una ragione.”

“Sono a vostra disposizione.”

“Desidero sposarmi con tua figlia,” affermò serenamente.

Sanʿan sbalordì. Era dispiaciuto per l’occasione che il destino aveva fatto svanire sul nascere, tuttavia esclamò:

“È un immenso onore e un’enorme gioia”.

“Da parte mia ho una figlia da donare a tuo figlio Fàdil.”

Scacciando il turbamento, Sanʿan rispose:

“È un giovane fortunato”.

L’altro tacque un poco, dopodiché aggiunse:

“Ho ancora un’ultima richiesta legata al benessere della comunità”.

Il governatore lanciò un’occhiata intensa a Sanʿan poi disse:

“L’impresario Hamdàn Tunaysha è tuo parente, vero?”.

“Sì, mio signore.”

“La questione è che ho deciso di far costruire una strada che dal deserto attraversi tutto il quartiere.”

“È un progetto meraviglioso.”

“Quando condurrai Hamdàn in questo luogo?” chiese al-Salùli in tono serio.

“Per domani sera, mio signore,” rispose Sanʿan trovando ridicola la situazione in cui si era venuto a trovare.

“Secondo te come si presenterà?”

“Come lo riterrete opportuno!” disse Sanʿan con sagacia e intelligenza.

“Sei perspicace, Sanʿan. Non dimenticare che ormai siamo una famiglia sola!” esclamò al-Salùli ridendo.

Sanʿan temette che il governatore avesse intenzione di chiamare Butaysha Murgàn e pensò: “Ora, oppure l’occasione non si ripresenterà mai più”. L’uomo, senza saperlo, gli facilitò il compito: allungò le gambe, si distese sulla schiena alla ricerca di un po’ di ristoro e infine chiuse gli occhi. Sanʿan, concentrato in pensieri criminali, si arrovellò su che cosa gli avrebbe riservato il destino. Estrasse il pugnale. Lo puntò al cuore, che trafisse con una forza generata dalla determinazione, dalla disperazione e dal desiderio di salvezza. Il governatore precipitò a terra come se si fosse misurato con una forza misteriosa. Il volto si irrigidì, gli occhi sbarrati come quelli di un folle. Agitò le braccia quasi a voler afferrare il pugnale, ma senza riuscirvi. Il suo sguardo atterrito pronunciò parole inudibili, dopodiché se ne andò per sempre.

12.

Tremante, Sanʿan fissò il pugnale, la punta conficcata nel corpo di al-Salùli, il sangue che sgorgava a fiotti. A fatica distolse lo sguardo dal cadavere per volgerlo alla porta chiusa a chiave. Era terrorizzato. Il silenzio era lacerato dal pulsare delle sue tempie. Per la prima volta si rese conto delle lampade appese agli angoli, s'accorse anche di un leggio in legno intarsiato con madreperla su cui era poggiato un grande Corano. In tutto questo tormento invocò Qumqàm, suo genio e suo destino. La presenza invisibile lo avvolse e udì la voce esclamare soddisfatta:

"Ben fatto".

Poi aggiunse festosa:

"Ora Qumqàm si è liberato dalla magia nera".

"Salvami," esclamò Sanʿan, "non sopporto questo luogo e questa scena."

"La mia fede mi impedisce di intervenire, ora che ho riottenuto la libertà di scelta," disse la voce con tono calmo e affettuoso.

"Non afferro il significato di quel che dici," sbottò Sanʿan atterrito.

"Il tuo difetto, Sanʿan, è che non ragioni come un essere umano."

"Signore, non è tempo di polemizzare. Hai intenzione di abbandonarmi al mio destino?"

"Questo è precisamente quel che il mio dovere mi impone."

"Sei un essere abominevole. Mi hai tradito!" gridò Sanʿan.

"Al contrario, ti ho concesso l'opportunità di salvarti, opportunità che raramente viene data a un vivo."

"Perché mai allora hai fatto irruzione nella mia vita e mi hai istigato a uccidere quest'uomo?"

"Desideravo ardentemente liberarmi dalla malvagità della magia nera, quindi ti ho scelto per la tua fede anche se oscillavi tra il bene e il male. Presumo che, più di ogni altro, tu abbia a cuore la salvezza del tuo quartiere e della tua persona."

"Però non mi hai rivelato i tuoi pensieri," lo rimproverò disperato.

"Li ho esposti in maniera sufficientemente chiara per chi pensa."

"È stato un imbroglio infame! Chi dice poi che io sono responsabile del quartiere?"

"È una credenza molto diffusa quella che non consente all'uomo onesto di essere libero, soprattutto agli uomini benintenzionati come te!"

"Non mi salverai dal guaio che ho combinato sotto la scalinata della scuola?"

"Mi rincresce che tu debba subire la fine peggiore a causa del mio intervento senza avere speranza di espiazione o pentimento. Ho quindi deciso di concederti un'altra opportunità."

"Ho già tenuto fede al nostro accordo. Ora devi salvarmi."

"Allora, si tratta di una congiura e il tuo ruolo è quello di essere lo strumento; il merito, la riflessione, il pentimento e la salvezza giungeranno solo alla fine."

San'an s'inginocchiò e lo supplicò:

"Abbi pietà di me, salvami".

"Non buttare all'aria il tuo sacrificio."

"È una sorte nera."

"Chi compie il bene non si preoccupa delle conseguenze."

"Non voglio essere un eroe," gridò San'an terrorizzato.

"Sii un eroe, San'an. È questo il tuo destino," disse Qumqàm per consolarlo.

La voce svanì mentre diceva:

"Che Allah ti accompagni. Gli chiederò perdono per noi due".

San'an lanciò un grido che giunse sino a Butaysha Murgàn e ai sorveglianti all'esterno dell'edificio.

GAMASA AL-BULTI

1.

L'anima di San'an al-Gammàli aleggiava sul soffitto del Caffè dei Principi, dove tutti i clienti erano invasi dalla tristezza. Avevano assistito all'udienza, avevano ascoltato la confessione per intero, avevano visto come la spada di Shabìb Rama, il boia, lo aveva decapitato. Godeva di una buona posizione tra i commercianti e le personalità, era uno dei pochi cui i poveri mostravano affetto. Il suo capo era stato reciso sotto gli occhi di tutti e la sua famiglia gettata sul lastrico. La sua storia passava di bocca in bocca, i cuori degli abitanti del quartiere e della città erano scossi e il sultano Shahriyàr la ripeteva all'infinito. Nell'atmosfera del caffè, addolcita dalle prime avvisaglie dell'autunno, Hamdàn Tunaysha l'impresario disse:

"Allah è il Creatore e il Signore del Creato, è Colui che decide secondo la Sua volontà. Egli dice a una cosa 'Sii' e questa è. Chi di voi si sarebbe immaginato la sorte di San'an al-Gammàli? San'an che violenta una bambina di dieci anni per poi strangolarla? San'an che uccide il governatore del quartiere la prima volta che lo incontra?".

"Se si esclude il genio allora la storia diventa un enigma!" commentò Ibrahim al-Attàr.

"È stato morsicato da un cane," disse il dottor Abd al-Qàdir al-Mahini, "quel fatto segna l'inizio, poi sono seguiti i postumi di una malattia perniciosa che non è stata curata a dovere."

"Non c'è nessuno che sia più esperto di me nella cura dei morsi di cane," esclamò furibondo Ibrahim al-Attàr; "l'ultimo è stato Ma'rùf il ciabattino. Vero Ma'rùf?"

Maʿrùf, dal suo posto in mezzo alla gente comune, rispose: "Sia lode ad Allah che ha concesso la guarigione della ferita".

"Perché non credere alla storia del genio?" domandò Ugr il barbiere.

"I geni sono più numerosi degli uomini," disse Ibrahim l'acquaiolo.

"La morte non ha bisogno di ragioni," aggiunse Sahlùl il commerciante di mobili e oggetti d'arte.

"Mi sono capitate tante storie con gli spiritelli," affermò Maʿrùf il ciabattino e Shamlùl il gobbo, il buffone del sultano ribatté:

"Sappiamo bene che i geni evitano la tua casa perché temono tua moglie!".

Maʿrùf sorrise rassegnandosi al suo destino, anche se la battuta non trovò molto consenso nell'atmosfera sconsolata che regnava nel locale.

"Sia Sanʿan che la sua famiglia sono finiti nel nulla," disse Galìl al-Bazzàz.

Karam al-Asìl il milionario, dal volto simile a quello di una scimmia, commentò:

"Stendere la mano per aiutare la sua famiglia verrebbe considerato una sfida all'autorità. Non c'è potenza né forza se non in Allah".

"Quel che più mi spaventa è che la gente volti le spalle alla sua famiglia perché spaventata della malvagità dei geni," disse Ibrahim al-Attàr.

"È comunque da escludere che qualcosa possa mutare il mio rapporto con Fàdil Sanʿan," sostenne Hasan al-Attàr, figlio di Ibrahim.

"Se Egli dice a una cosa 'Sii' questa è," ripeté Hamdàn Tunaysha l'impresario.

2.

Gamasa al-Bulti, il capo della polizia, si diresse al fiume per dedicarsi al suo passatempo preferito: la pesca. Si era astenuto per quaranta giorni dal pescare in segno di lutto per la morte del suo capo, Ali al-Salùli. Soffriva nel proprio intimo anche per l'assassino poiché erano stati vicini di casa e li legava un'antica amicizia che aveva trasformato due famiglie in una sola. Signore, era stato lui ad arrestarlo, era stato lui a sbatterlo in prigione, era stato lui a condurlo davanti al tribunale e infine era stato lui a consegnarlo al boia, Shabìb Rama. Era stato sempre lui ad appendere la testa di Sanʿan sulla porta di casa sua, a confiscare le ricchezze alla sua famiglia e a cacciarla di casa gettandola nell'inferno. Nonostante fosse celebre per la severità e la durezza, la sua serenità era stata intaccata e il suo cuore era infelice. Ebbene sì, possedeva un cuore, benché molte persone non lo credessero. Anzi, questo cuore amava Husniyya, la figlia di Sanʿan, della quale avrebbe chiesto la mano se la situazione non fosse precipitata. Era una bella giornata e per il cielo vagavano candide nubi autunnali, ma il suo amore era stato schiacciato dalla ruota degli avvenimenti. Lasciò la mula alle cure di un servitore, poi spinse la barca in mezzo al fiume dove gettò la rete. Gocce di tranquillità nell'oceano dell'arduo e brutale lavoro. Sorrise. In breve tempo aveva instaurato un rapporto di comprensione reciproca con il nuovo governatore Khalìl al-Hamadhàni. Chissà dove scovava Shahriyàr tutti quei governatori? L'uomo aveva rivelato la propria indole nella prima azione compiuta: la confisca dei beni di Sanʿan. Si era impadronito di una parte non indifferente di essi, ne aveva dato un'altra parte a Butaysha Murgàn e la rimanente al Tesoro. Anche Gamasa aveva preso la sua, nonostante la tristezza che provava per il destino dell'amico, scusandosi con se stesso, ma un rifiuto sarebbe stato come una sfida al nuovo governatore. Nel suo cuore c'era spazio per i sentimenti, ma anche per la durezza e per l'avidità. Pensò: "Chi è troppo onesto in questa città fa la fame. Che cosa ci accadrebbe – si chiese ironicamente – se un governatore giusto si prendesse carico dei nostri problemi? Non è stato forse lo stesso sultano a uccidere centinaia di giovani vergini e decine di timorati di Allah? Quanto sono leggeri i piatti della sua bilancia se paragonati a quelli dei grandi sultani". Respirò profondamente. "Era proprio una bella giornata. Il cielo era cosparso di nubi, l'aria era tiepida ed emanava un piacevole profumo misto d'erba e acqua, la rete traboccava di pesci, ma dov'era Husniyya? La famiglia di Sanʿan viveva ora in una stanza d'albergo, dopo il lusso e i gioielli. Umm Saʿad faceva i dolci che una volta incantavano gli ospiti, e Fàdil li vendeva ai passanti. Husniyya attendeva un fidanzato che non arrivava. È stato proprio un genio a distruggerti, Sanʿan, oppure il morso di un cane? Non ho dimenticato il tuo sguardo sperduto né la tua richiesta d'aiuto: La mia famiglia, Gamasa! Nessuno allungherà la mano per aiutare la tua famiglia. Anche tuo figlio Fàdil ha il suo orgoglio. Tu sei morto, San'an, quel che è stato è stato. Se il tuo genio è davvero credente, allora che faccia qualcosa. Che sultanato meraviglioso è questo con la sua popolazione e i suoi geni! Innalza lodi ad Allah poi si immerge nello sterco." Improvvisamente l'attenzione venne assorbita dalla sua mano. Il peso della rete lasciava presagire qualcosa di buono. La tirò, colmo di gioia, sino a portarla in barca. Ma non conteneva neanche un pesce.

3.

Gamasa al-Bulti rimase esterrefatto. C'era solo una sfera di metallo, nient'altro. La raccolse adirato, la esaminò e la lanciò all'interno della barca. Riecheggiò un rumore profondo e impressionante. Accadde qualcosa di strano: un'esplosione. Dalla sfera si levò una sorta di polvere che si diffuse nell'aria sino ad abbracciare le nubi autunnali. La polvere si dileguò lasciando una presenza impercettibile che lo accecava e Gamasa venne preso dall'angoscia. Nonostante fosse abituato ad affrontare situazioni pericolose, tremava dalla paura. Scosse freneticamente il capo e si rese conto di trovarsi faccia a faccia con un genio uscito da una bottiglia. Non riuscì a trattenersi e urlò:

"Clemenza, in nome del nostro signore Sulaymàn!".

"Com'è piacevole la libertà dopo l'inferno della prigione," disse una voce sconosciuta a Gamasa.

"La tua liberazione è avvenuta per mano mia," rispose al-Bulti in tono amichevole e con la voce roca.

"Narrami innanzitutto che ne ha fatto Allah di Sulaymàn."

"Il nostro signore Sulaymàn è morto da più di mille anni."

"Sia benedetto il volere di Allah che ha imposto su di noi una volontà umana la cui polvere non ascende al nostro fuoco. Questo aspetto umano mi ha condannato a seguito di un errore di cuore. E Allah perdona, con la Sua misericordia, errori ben più gravi."

"Che la tua libertà buon pro ti faccia. Va' e goditela," esclamò al-Bulti fiducioso.

"Vedo che desideri metterti in salvo da me!" commentò ironica la voce.

"Sono stato io lo strumento che ti ha liberato."

"Mi ha liberato solo il destino."

"E io sono stato lo strumento del destino," sospirò Gamasa.

"La lunga prigionia mi ha riempito di odio e di desiderio di vendetta," disse astiosa la voce.

"Il perdono è una caratteristica della gente nobile," supplicò.

"La memoria, la citazione e l'ipocrisia sono il vostro forte. La vostra conoscenza deve essere pari ai vostri conti. Maledetti!"

"Ci tuffiamo ogni giorno in una lotta continua contro noi stessi, contro la gente e la vita," lo implorò Gamasa, "questa lotta provoca innumerevoli vittime, spero che non venga mai meno la pietà del Misericordioso."

"La misericordia spetta a chi la merita," lo redarguì il genio, "e le vaste distese di Allah sono cosparse di fiori che si concedono a chi le tocca con saggezza, per questo motivo la clemenza spetta solo a coloro che si sforzano nel cammino verso Allah; invece i venti malvagi macchierebbero la purezza dell'aria illuminata dalla luce divina. Non difendere quindi la corruzione con la corruzione."

"Noi crediamo nella misericordia anche quando mozziamo i colli e tagliamo le teste."

"Sei un ipocrita! Che mestiere fai?"

"Sono capo della polizia."

"Quanti titoli! Svolgi il tuo dovere in modo da compiacere Allah?"

"Il mio dovere è eseguire gli ordini," ammise Gamasa preoccupato.

"Frase perfetta per compiere ogni genere di misfatto."

"Non posso farlo."

"Se ti invitano al bene sostieni che non ne sei capace, se ti invitano al male ti affretti a compierlo in nome del dovere!"

Gamasa, terrorizzato, era retrocesso tremante sino all'altra estremità dell'imbarcazione. In quello stesso istante sentì aleggiare una nuova presenza. Si rese conto che era giunto un altro genio ed era ormai convinto di non avere scampo. Il nuovo arrivato si rivolse al primo dicendo:

"Mi rallegro per la tua libertà, Singàm".

"Sia lode ad Allah, Qumqàm."

"Non ci incontriamo da più di mille anni."

"Che periodo breve se comparato alla lunghezza della vita. Com'è lunga quando trascorre dentro a una bottiglia!"

"Io sono addirittura caduto nelle reti della magia che tortura quanto una prigione."

"Non c'è danno che non provenga dagli esseri umani."

"Durante la tua assenza sono accadute molte cose, nel caso ti interessasse recuperare il tempo perduto."

"Certo, ma prima desidero prendere una decisione riguardo a questo essere umano."

"Lascialo andare ora. Ce l'hai a portata di mano in qualsiasi momento tu desideri. Comunque non prendere mai decisioni quando sei adirato. I geni che hanno ucciso lo hanno fatto solo per eccesso di ira. Andiamo al monte Qaf a festeggiare la tua libertà."

"Arrivederci capo della polizia," disse Singàm.

La presenza opprimente si ridusse sino a scomparire del tutto. Gamasa recuperò la libertà di movimento, ma rovinò sul fondo della barca stremato e al contempo con un immenso desiderio di mettersi in salvo.

4.

Gamasa al-Bulti fece un balzo verso la riva del fiume e il suo servitore lo accolse con un inchino. Poi ripiegò la rete.

"Non c'è un solo pesce nella rete," osservò.

"Mi hai guardato mentre ero sulla barca?" domandò Gamasa con la voce roca.

"Tutto il tempo, mio signore."

"Che cosa hai visto?"

"Vi ho visto gettare la rete, attendere e poi ritirarla. Per questo motivo mi stupisce che sia vuota."

"Non hai visto del fumo?"

"No, mio signore."

"Non hai udito una voce strana?"

"No."

"Forse ti sei addormentato."

"Niente affatto, mio signore."

Non era possibile nutrire dubbi su quello che era appena accaduto. Era più reale della realtà stessa. Era rimasto impresso nella sua memoria il nome di Qumqàm e con la stessa forza quello di Singàm. Ricordò le confessioni di Sanʿan, le considerò sotto una luce diversa e il suo vecchio amico gli apparve come una vittima disgraziata. Si domandò terrorizzato che cosa poteva celargli quell'essere invisibile.

5.

Seppellì il segreto nel proprio cuore. Nemmeno Rasmiyya, sua moglie, ne era a conoscenza. Era un segreto insopportabile, ma che cosa poteva fare? Se mai lo avesse rivelato avrebbe messo a repentaglio la propria posizione sociale e il proprio mestiere. Trascorse la nottata insonne a rimuginare sulle conseguenze e si impegnò a non perdere la calma. Singàm, a quanto pareva, era un genio credente e avrebbe riconosciuto il suo buon gesto nel liberarlo, anche se avvenuto per caso. Prese sonno durante la preghiera dell'alba e al risveglio si sentì ritemprato. Era di costituzione forte e sapeva come affrontare difficoltà e tentazioni. Si era abituato ad al-Salùli e ora ad al-Hamadhàni, e Singàm non era certo più intrattabile di loro. Mentre stavano bevendo il latte della colazione, Rasmiyya disse:

"Ieri mi ha fatto visita la nostra vecchia vicina Umm Sa'ad".

Improvvisamente sentì tendersi i nervi. Si rese conto del pericolo di quella visita. D'altronde un poliziotto conosce sempre i retroscena delle questioni.

"Una vedova disgraziata, ma..." disse sprezzante e poco dopo riprese: "ma la sua visita danneggia la mia posizione sociale".

"La sua condizione spezza il cuore."

"Così vanno le cose al mondo, Rasmiyya, comunque riponiamo in Allah quel che è di Allah."

"È venuta nella speranza che tu la aiuti a presentare una petizione al governatore affinché le restituisca le proprietà di famiglia."

"Che ignorante!" gridò Gamasa.

"Ha detto che Allah non deve far pesare sui figli le colpe dei padri."

"È stato Shahriyàr stesso a emettere la sentenza."

Poco dopo ammise:

"San'an era mio amico, tuttavia quel che è stato deciso si è compiuto. L'omicidio di una ragazza dopo averla violentata non conta nulla se paragonato all'omicidio del governatore del quartiere. Il sultano considera qualsiasi attacco verso i suoi rappresentanti come un attacco verso la propria persona e continua a spargere sangue nonostante il suo inaspettato recente cambiamento. Quindi non invitarla a ritornare altrimenti la maledizione si abbatterà su di noi".

La donna tacque, con il cuore a pezzi, mentre il marito diceva:

"Sono rattristato quanto te, ma non c'è nulla che possiamo fare".

6.

Gamasa era stato sincero. La sua tristezza verso la famiglia di San'an non si era dileguata e l'origine di questo sentimento non era solo la passione. Aveva voluto bene all'uomo prima di volerne alla figlia. Non sempre mancava di buoni sentimenti e pensieri religiosi, tuttavia non riteneva affatto sconveniente perseguire la corruzione in un mondo corrotto. La verità è che nel quartiere non esisteva un cuore simile al suo in cui si riunivano il bianco e il nero. Per questo motivo invitò Fàdil San'an a casa sua per una visita in incognito. Il giovane si presentò vestito in modo inconsueto, indossava una tunica e dei sandali, era abbigliato come i venditori ambulanti. Lo fece accomodare al suo fianco nella sala e disse:

"Mi rallegra, Fàdil, che tu affronti il destino con tale coraggio".

"Sia ringraziato Allah che ha mantenuto intatta la mia fede dopo la perdita della posizione e delle ricchezze," esclamò Fàdil.

"Ti ho invitato a ricordo della nostra antica amicizia," disse Gamasa, molto colpito da quelle parole.

"Che Allah ti benedica, mio signore."

Gamasa lo fissò per un istante poi aggiunse:

"Se non fosse stato per questo motivo avrei provveduto io stesso al tuo arresto".

"Il mio arresto? Perché, signore?" disse Fàdil esterrefatto.

"Non fingere di non sapere. Non vi basta il male che avete commesso? Stai alla larga dalla compagnia degli eversori nemici del sultano!"

"Sono solo un venditore ambulante," balbettò Fàdil impallidendo.

"Non essere evasivo, Fàdil. Nulla sfugge a Gamasa al-Bulti, il mio compito principale come ben sai è perseguire sciiti e kharigiti."

"Non appartengo a costoro," mormorò Fàdil, "da ragazzo sono stato allievo dello shaykh Abd Allah al-Balkhi."

"Anch'io sono stato suo allievo, molti di noi sono frutto della scuola di al-Balkhi: gente che segue il cammino spirituale, gente della sunna e al contempo demoni che deviano dalla retta via."

"Le assicuro, mio signore, che sto il più lontano possibile dai demoni."

"Tu hai amici e i tuoi amici sono tra questi ultimi."

"Non c'è motivo alcuno perché mi associ a loro."

"Dapprincipio," lo ammonì Gamasa, "è una compagnia innocente, poi diventa corruttrice. Quelli sono pazzi, irriverenti verso il governo, adescano i poveri e i fedeli, non si meravigliano di nulla, nemmeno del digiuno nel mese di Ragab. È come se Allah li avesse esclusi dai credenti. Ricorda il destino di tuo padre, perché Satana conosce mille astuzie. Quanto a me conosco solo il mio dovere. Ho giurato fedeltà al sultano e al governatore del quartiere e ho promesso loro di sterminare i deviati."

"Stia certo, mio signore," disse Fàdil con un filo di voce, "che mi terrò il più lontano possibile dai deviati."

"È un consiglio paterno. Fanne buon uso."

"La ringrazio per la cortesia, signore."

Gamasa scrutò il suo volto alla ricerca di una somiglianza con la sorella Husniyya. Restò alcuni istanti come rapito, poi aggiunse:

"C'è ancora una questione: desidero che comunichi a tua madre che la petizione per recuperare i beni di famiglia verrà considerata dal sultano come una sfida al suo potere. Non c'è potenza né forza se non in Allah".

"La penso allo stesso modo, signore," assentì Fàdil.

L'incontro terminò come era iniziato: in segreto. Gamasa si chiese se mai un giorno avrebbe avuto la fortuna di convocare Fàdil per chiedergli la mano di Husniyya.

7.

Il delitto commesso da Sanʿan al-Gammàli fu l'unico avvenimento significativo accaduto durante il mandato di Gamasa al-Bulti. Nessuno fu ritenuto responsabile del fatto dopo che era stato appurato l'intervento del genio. Non avvenne così quel giorno. Si susseguivano con inquietante frequenza rapine, dentro e fuori le mura del quartiere, venivano saccheggiate ricchezze, mercanzie e venivano aggredite le persone. Gamasa al-Bulti era furioso come lo può essere un poliziotto potente e fiducioso nelle proprie capacità. Sguinzagliò agenti in incognito nei luoghi più impervi e le ronde vigilavano giorno e notte. Egli stesso faceva sopralluoghi nelle zone sospette, tuttavia i misfatti continuavano a succedersi senza che un solo criminale venisse acciuffato.

Karam al-Asìl il milionario, mentre si trovava al Caffè dei Principi disse:

"La sicurezza era migliore ai tempi del defunto al-Salùli".

"Ai suoi tempi non c'era alcun furfante al di fuori di lui," assicurò il dottor Àbd al-Qàdir al-Mahini sorridendo.

"Gamasa al-Bulti è quello che sta peggio," commentò Ugr il barbiere.

Ugr si accorgeva di come stavano i notabili quando prestava loro servizio a domicilio.

"La sicurezza," aggiunse Ibrahim al-Attàr, "è vitale per il commercio e il commercio è vitale per la comunità. Propongo che una nostra delegazione si rechi dal governatore del nostro quartiere, al-Hamadhàni."

8.

Khalìl al-Hamadhàni convocò Gamasa al-Bulti al palazzo del governatore e lo rimproverò duramente:

"La città sta cadendo a pezzi mentre tu dormi".

"Non dormo e non mi distraggo," replicò contrariato il capo della polizia.

"Quel che conta è il risultato."

"Ho le mani legate."

"Che cosa desideri?"

"I vagabondi che avevamo arrestato ora si stanno vendicando."

"Era risultato ben chiaro dalla confessione di San'an che costoro erano innocenti."

"Per questo motivo si vendicano. Non c'è alternativa, bisogna acciuffarli un'altra volta."

"Il visir Dandàn si era già mostrato sdegnato allora, non permetterà certo che il fatto si ripeta," ribatté il governatore.

"In ogni caso mi sono gettato in una battaglia contro una forza implacabile," rispose desolato Gamasa al-Bulti.

"Devi mantenere la sicurezza oppure andartene," concluse il governatore.

Gamasa al-Bulti uscì dal palazzo del governatore sentendosi, per la prima volta nella sua vita, avvilito.

9

Era adirato per l'umiliazione subita anche se il suo temperamento forte e determinato gli permetteva di controllarsi. La sua propensione al bene s'affievolì per sprofondare in abissi lontani. Reagì alla prostrazione con la brutalità di chi ritiene che tutto sia lecito pur di mantenere la propria autorità. Il potere lo aveva assorbito tanto da diventare una persona nuova. Aveva dimenticato le buone parole imparate durante l'età dell'innocenza dallo shaykh nella *zawiya*. Immediatamente radunò le sue guardie e riversò su di loro il profluvio di parole che lo aveva assalito nel palazzo del governatore. Dopodiché spalancò le finestre dell'inferno sul campo di battaglia. Ogni volta che accadeva un fatto nuovo arrestava decine di innocenti senza prove e li torturava senza pietà. Di conseguenza si allentò la caccia agli sciiti e ai kharigiti che ne approfittarono per moltiplicare la propria attività. Pubblicarono riviste clandestine traboccanti di accuse contro il sultano e i governatori che reclamavano una giustizia fondata sul Corano e sulla sunna. Nella sua follia Gamasa arrestò molti di costoro e il terrore s'impadronì dell'intero quartiere e fece vacillare la terra. Al-Hamadhàni giudicò ripugnante la brutalità delle esecuzioni; tuttavia si bendò gli occhi nella speranza che gli incidenti finissero. Ciononostante i misfatti aumentarono in numero e crudeltà.

10.

Gamasa al-Bulti era stato sconfitto anche se si rifiutava di ammetterlo. Trascorse numerose notti alla sede della polizia e l'angoscia ebbe la meglio sulla sua prodigiosa forza. Una volta, mentre si trovava nel suo ufficio, fu vinto dal sonno al quale si abbandonò come un leone ferito. Non poté godere del riposo anelato, poiché venne schiacciato dal peso di un essere adirato che premeva sul suo animo.

"Singàm!" sussurrò perplesso.

"Certo, capo della polizia," riprese la voce irrompendo nell'esistenza di Gamasa.

"Che cosa ti ha condotto sin qui?" sbottò l'uomo.

"La stupidità di coloro che si ritengono intelligenti."

Improvvisamente la sua mente si illuminò e vide tutto chiaro.

"Ora comprendo il segreto dei furfanti dei quali non si trova traccia."

"Solo ora?"

"Come poteva venirmi in mente che tu eri il loro padrone?"

"Ammetti che nonostante la tua presunzione sei uno stupido?"

"Com'è che non esiti a sottrarre ricchezze quando menzioni il nome di Allah più volte al giorno?" domandò in tono di sfida.

"La mia ira s'abbatte solo su coloro che s'approfittano del prossimo."

Gamasa sospirò e disse, come se stesse conversando con se stesso:

"Perderò il posto di lavoro per questa ragione".

"Anche tu fai parte di quella masnada malefica."

"Sono un perfetto esempio di adempimento del proprio dovere," affermò orgoglioso.

"E il denaro ottenuto in maniera illecita?"

"Non sono altro che briciole cadute dalle mense dei più potenti."

"È una pessima scusa."

"Vivo nel mondo degli esseri umani."

"Che sai dei potenti?"

"Ogni particolare. Sono ladri meschini."

"Ma tu li proteggi con la tua spada affilata," commentò la voce sprezzante, "e cacci i loro nemici, tutte persone nobili, autorevoli e diligenti."

"Io eseguo gli ordini e la mia condotta è chiara."

"Al contrario. Sei perseguitato dalla maledizione di proteggere i criminali e reprimere i nobili."

"Nessun uomo come me, che compie il proprio dovere, pensa solo alla morte."

"Allora sei uno strumento senza cervello."

"La mia mente è al servizio del mio dovere."

"È una scusa che annulla tutta l'umanità di un uomo."

A Gamasa balenò un'idea illuminante, quindi ammise serenamente:

"La verità è che non sono soddisfatto di me stesso".

"Un'autentica bugia."

"Non ho mai cercato di estirpare le nobili voci invisibili. S'intrattengono sempre con me nel silenzio della notte," precisò.

"Non ne ho trovato traccia alcuna nella tua vita."

"Mi manca una forza che mi sostenga quando ne ho bisogno," aggiunse con sagacia.

"Anzi, tu perseguiti le nobili voci invisibili come insegui le persone nobili."

"Metto me stesso alla prova," disse in tono di sfida.

"Esprimi chiaramente le tue idee."

"Utilizza la tua forza per appoggiarmi, non per distruggermi."

"Che cosa vuoi?"

"Uccidere i criminali e governare la comunità in modo saggio, retto e onesto."

Il genio scoppiò in una risata fragorosa che riempì l'aria e domandò:

"Vuoi ingannarmi per realizzare i tuoi sogni occulti di potere e autorità?".

"Come mezzo, non come fine."

"Il tuo cuore continua a essere totalmente schiavizzato."

"Mettimi alla prova, se vuoi."

"Sono un genio credente e non oltrepasso mai i miei limiti."

"Quindi allontanati in pace dal mio cammino," commentò Gamasa infelice.

"La verità è che stavo serenamente meditando in cima al monte Qaf quando mi sono convinto che hai svolto per me un servigio innegabile anche se in maniera involontaria. Perciò ho deciso di restituirti il favore con uno simile e senza oltrepassare i limiti."

"Però stai facendo proprio il contrario," s'affrettò a dire Gamasa.

"Che stupido sei!"

"Spiegami le tue intenzioni," lo supplicò.

"Tu possiedi una mente, una volontà e un'anima."

"Riluce su di me un barlume di speranza."

"Tu possiedi una mente, una volontà e un'anima."

Cercò di supplicarlo, ma l'altro proruppe solo in una risata ironica, dopodiché si dileguò e scomparve.

Gamasa al-Bulti fu svegliato da un colpo alla porta. Un suo subordinato entrò informandolo che era stato convocato dal governatore al-Hamadhàni.

11.

Avrebbe desiderato rimanere da solo a pensare, ma non c'era scelta. Non prevedeva nulla di buono dall'incontro, né contava di ottenere qualcosa di positivo sotto qualsiasi aspetto. Le saette della speranza scomparvero nel cielo autunnale e i tamburi della vittoria rimasero in silenzio. Altalenò a lungo tra il governatore e gli scherzi di Singàm. Si tuffò in un vortice di pensieri mentre a cavallo della mula si dirigeva verso il palazzo del governatore. La strada era un frenetico movimento e un vociare continuo. Era assediato dalle esigenze della vita, gli occhi della gente lo seguivano con disprezzo. Né gioia né illusioni. Erano terminati i giorni dell'arroganza. Era un essere spregevole che si nutriva della viltà, di questo lo aveva convinto Singàm. La sua unica consolazione era quella di essere la spada dello stato. Ma la spada era smussata e la sicurezza si era frantumata. Che conseguenze vi sarebbero state per lui? Ladro, assassino, protettore dei criminali e torturatore dei nobili. Aveva dimenticato Allah sino a quando glielo aveva ricordato un genio.

12.

Trovò Khalìl al-Hamadhàni in piedi in mezzo alla sala di ricevimento, come una lancia pronta al combattimento.
"La pace sia su di voi, emiro," disse Gamasa calmo.
Il governatore, con voce tremante di rabbia, urlò:
"La pace non esiste al tuo cospetto".
"Mi ammazzo di lavoro," rispose Gamasa in tono triste.
"È per questo che hanno rubato i gioielli della mia sposa proprio all'interno della mia casa?"
Era più di quel che aveva previsto. Si chiedeva che cosa volesse Singàm. Non profferì parola e Khalìl al-Hamadhàni esclamò:
"Sei solo un masticatore di hashish e un compare dei ladri".
"Sono il capo della polizia," gridò adirato.
"Ci vedremo questa sera, se prima non ti licenzio o non ti mozzo il collo."

13.

Dove avrebbe dovuto cercare? Che cosa avrebbero potuto fare i suoi uomini di fronte alla forza di Singàm? Sarebbe stato licenziato, avrebbe perso l'onore oppure gli sarebbe stato mozzato il collo. Egli stesso aveva condotto innumerevoli persone a questo destino. Come accusarlo? Malgrado ciò Gamasa non avrebbe certo accettato il proprio destino senza difendersi, senza difendersi ferocemente. Aveva davanti a sé un'unica giornata, non v'era tempo per l'esitazione. Eccola la vita distesa davanti ai suoi occhi come una pagina: una testimonianza concreta e atroce. Era iniziata in accordo con Allah e ora terminava in accordo con Satana. Doveva spezzare quell'accordo prima di morire. Gli ritornò alla mente lo shaykh, simile a un alito di vento in un afoso giorno d'estate; il ricordo del maestro volteggiava circondato da spiriti nostalgici. "È giunto il momento" pensò. Venne distolto dagli abissi del suo intimo nel momento in cui le tristezze lacerarono la spessa crosta macchiata di sangue.

Lo trovò nella semplice sala di ricevimento, come s'aspettava. Si inchinò senza parlare poi si sedette a gambe incrociate sul cuscino posto innanzi all'uomo. I ricordi odoravano come un profumo di rosa appassita e nel vuoto prendevano corpo, come gocce di sangue, i segni, i discorsi e quel che rimaneva delle buone intenzioni. Si dissetò con la quiete divina e, infine, sopraffatto dalla vergogna, disse sommesso:

"Posso leggere i vostri sentimenti verso di me, maestro".

"La conoscenza di tutto ciò è solo di Allah," rispose Abd Allah al-Balkhi con la sua calma inamovibile, "non dire che non lo sai."

"Secondo l'opinione generale sono solo un poliziotto spietato," confessò afflitto Gamasa.

"Chissà perché mi recano visita gli spargitori di sangue."

"Quanto siete affabile, maestro, la verità è che c'è una storia che desidero narrarvi," disse facendosi coraggio.

"Ma io non desidero ascoltarla," rispose l'altro in tono severo.

"Devo prendere una decisione e non potrete comprenderne il significato se prima non vi narrerò la storia per filo e per segno."

"La decisione è sufficiente per capire il significato della storia."

"La questione esige un consiglio," disse Gamasa ansioso.

"Nient'affatto. È solo una tua decisione."
"Ascoltate la mia storia meravigliosa," lo supplicò.
"No, mi interessa solo una cosa," rispose con tutta serenità lo shaykh.
"Che cosa, maestro?" sospirò il capo della polizia.
"Che tu prenda la decisione in pieno rispetto di Allah."
"È per questo motivo che ho bisogno del vostro parere," ribatté Gamasa.
"La storia è solo la tua storia e la decisione è solo la tua decisione."

14.

Uscì dall'abitazione dello shaykh dibattuto tra il dubbio e la convinzione. Era come se lo shaykh conoscesse la sua storia e la sua decisione, ed era come se benedicesse quest'ultima a patto che venisse presa nel pieno rispetto di Allah. Forse la disperazione aveva la propria parte? Forse la difesa di sé ne aveva un'altra? Forse il desiderio di vendetta ne aveva un'altra ancora? Chissà se il pentimento, qualora preceduto da un peccato, sarebbe stato più semplice. Il problema principale era prendere una decisione e perseguirla sino in fondo. In ogni caso stava sotterrando il vecchio Gamasa per cercarne uno nuovo. Una volta presa la decisione, inspirò a pieni polmoni, serenamente. L'energia aumentava con il passar del tempo. Rientrò a casa e si sedette accanto a Rasmiyya, sua moglie, e ad Akramàn, sua figlia. Nel suo petto infuriavano emozioni fervide e misteriose che gli palesavano sempre più la sua solitudine. Singàm lo aveva abbandonato alla solitudine. In ogni caso la decisione era definitiva e irrevocabile. Aveva sempre affrontato le situazioni più pericolose della vita con un coraggio straordinario e con un'audacia irrefrenabile.

Ritornò in ufficio e liberò di propria iniziativa gli sciiti e i kharigiti tra lo stupore generale. Giunta la sera si recò immediatamente al palazzo del governatore. Distolse lo sguardo dai volti e dai luoghi che incontrò lungo la strada come se non lo interessassero. Finalmente vide Khalìl al-Hamadhàni che lo attendeva pacificamente, non c'era dubbio che anch'egli aveva preso la propria decisione. Nella sala di ricevimento non c'era nessun altro oltre a loro due e le sofferenze umane annidate sotto i cuscini e i tappeti, testimoni di tutte le generazioni passate. Non si scambiarono il saluto e il governatore chiese con freddezza:

"Devi dirmi qualcosa?".

"Tutto bene," rispose Gamasa sicuro di sé.

"Hai arrestato il ladro?" domandò il governatore diventato improvvisamente ottimista.

"Per questo sono venuto."

"Credi che si trovi nella mia abitazione?"

"È lui, colui che parla senza remore," esclamò Gamasa indicandolo.

"Per il Signore della Caaba, sei impazzito?" gridò Khalìl al-Hamadhàni stupito.

"È la verità che parla per la prima volta."

Il governatore si stava accingendo al lavoro quando Gamasa sguainò la spada e disse:

"Riceverai quel che meriti".

"Sei impazzito. Non sai quel che fai."

"Compio solo il mio dovere," commentò serenamente Gamasa.

"Rinsavisci, altrimenti tu stesso sarai giustiziato."

Gamasa assestò un colpo mortale al collo del governatore. Le grida di terrore si trasformarono in lamenti mentre il sangue sgorgava come l'acqua da una fontana.

15.

Gamasa al-Bulti venne arrestato e la spada gli fu strappata di mano. Non tentò la fuga. Non oppose resistenza. Era convinto che la sua missione fosse conclusa. Per questo motivo provò una sensazione di calma e di serenità spirituale, venne travolto da un'ondata di coraggio straordinario e sentì di calpestare i suoi giustizieri e di non essere preoccupato per la morte, in qualsiasi modo giungesse. Pensava che l'uomo è più potente di quanto egli stesso possa immaginare, che le vili azioni che aveva commesso non erano certo degne di lui, che sottomettendosi alla loro autorità si era umiliato, umiliazione cui era stato spinto dal decadimento e dall'alienazione della sua natura umana. Aggiunse anche che in quel momento stava praticando una sorta di adorazione la cui purezza avrebbe cancellato la sporcizia di lunghi anni di libertinaggio.

La notizia si diffuse trasportata dal vento autunnale e divenne argomento di conversazione sia per le classi elevate che per il popolo. Si scatenò il turbamento e sorsero infiniti interrogativi. Si diffusero predizioni contraddittorie e divamparono i vaneggiamenti dei lunatici mentre scoppiavano i disordini all'interno del quartiere e della città e il fragore dei subbugli saliva sino al palazzo del sultano. Il visir Dandàn dovette trasferirsi nella residenza del governatore del quartiere al comando di uno squadrone di cavalleria.

16.

Gamasa al-Bulti, incatenato, venne condotto a giudizio innanzi al trono nella sala dei verdetti. Shahriyàr si presentò con il mantello di lana rossa che soleva indossare quando doveva emettere una sentenza, sul capo portava un alto turbante adorno di gemme pregiate. Alla sua destra sedeva Dandàn, alla sua sinistra gli uomini di stato, mentre le guardie erano disposte su entrambi i lati. Dietro al trono era pronto a entrare in azione Shabìb Rama, il boia.

Il sultano aveva lo sguardo austero e pensieroso. Scrutò a lungo il volto del capo della polizia, poi gli chiese:

"Ammetti che ti ho concesso i miei favori, Gamasa?".

"Sì, mio sultano," rispose l'uomo con voce forte e nervosa.

Il sultano scorse un gesto di stizza da parte di Gamasa, nonostante quest'ultimo fosse incatenato, e domandò:

"Confessi di avere assassinato Khalìl al-Hamadhàni, mio delegato nel tuo quartiere?".

"Sì, mio sultano."

"Che cosa ti ha spinto a commettere un delitto così orripilante?"

"Ho compiuto la retta volontà di Allah," ammise con tutta onestà, senza pensare alle conseguenze.

"Come puoi conoscere ciò che Allah, Egli sia glorificato, desidera?"

"Ho tratto ispirazione da un'incredibile storia che ha mutato il corso della mia vita."

Il sultano, attratto dalla parola "storia", domandò incuriosito:

"Quale storia?".

Gamasa al-Bulti cominciò a narrare: la nascita da genitori entrambi appartenenti alla classe povera, gli studi alla *zawiya* dello shaykh Abd Allah al-Balkhi, l'allontanamento dallo shaykh dopo che aveva appreso i fondamenti della fede, della lettura e della scrittura, la forza fisica che gli aveva reso possibile l'ingresso nella polizia, la nomina a capo della polizia per via delle sue capacità straordinarie, la crescente corruzione al punto da proteggere i corrotti e giustiziare la gente onesta e saggia, la comparsa di Singàm nella sua vita e la crisi conseguente e da ultimo il pentimento sanguinoso.

Shahriyàr ascoltò attentamente la narrazione, mostrando reazioni contraddittorie alle sue parole. Disse con una freddezza raggelante:

"Il Singàm di Gamasa segue il Qumqàm di Sanʿan al-Gammàli. Sembra di vivere nell'epoca dei geni che non hanno nulla di meglio da fare che uccidere i governatori".

"Allah mi è testimone che non ho aggiunto una sola lettera alla verità," disse Gamasa.

"Forse ti sei inventato tutto per sfuggire al castigo."

"Il mio coraggio dimostra che non mi interessa," rispose sdegnato.

"Ci comporteremo con te come ci comportiamo con i ribelli: il tuo collo verrà mozzato e la tua testa verrà appesa sulla porta della tua abitazione e i tuoi beni verranno confiscati."

17.

Era in una prigione sotterranea, al buio. Affrontò il dolore e si aggrappò al proprio coraggio. Aveva provocato l'ira del sultano e l'aveva spuntata lasciandolo sul trono ad affrontare la sconfitta. Ricordò con tristezza Rasmiyya e Akramàn. Anche Husniyya vagava nei suoi pensieri. La sua famiglia sarebbe andata incontro alle stesse sofferenze patite dalla famiglia di Sanʿan, ma la misericordia divina era più potente dell'universo. Pensava di trascorrere la notte insonne invece dormì un sonno profondo e fu svegliato solo da un forte rumore e dalla luce di una torcia. Forse era già giorno e quelli erano i soldati giunti per condurlo al tappeto dell'esecuzione capitale. La piazza sarebbe stata gremita di curiosi e si sarebbero sollevati sentimenti opposti. Che fosse. Ma che cosa stava vedendo? Vedeva i soldati prendere a calci Gamasa al-Bulti che si svegliava di soprassalto. Che significava tutto ciò? Stava sognando? Se quello era Gamasa al-Bulti chi era lui? Com'è che nessuno lo notava? Era come se non esistesse. Era attonito e temeva di uscire di senno, ma forse ne era già uscito. Vedeva Gamasa al-Bulti innanzi a sé. I soldati lo stavano conducendo all'esterno, mentre egli – a differenza dell'altro – era terribilmente spaventato e depresso. Era persino libero dalle catene. Decise di abbandonare la prigione e seguire gli altri. Nessuno si accorse di lui. Signore! La città intera si era raccolta sulla piazza. Donne, uomini e bambini. Presiedevano il sultano e le autorità. Il tappeto di cuoio delle esecuzioni era disteso al centro della piazza e ai suoi lati si ergevano Shabìb Rama e i suoi assistenti. Rasmiyya e Akramàn non erano venute e questo era un bene. Quanti volti conosciuti, volti di persone con cui aveva intrattenuto buoni rapporti. Si spostava da un punto all'altro, ma nessuno lo notava. Gamasa al-Bulti si stava avvicinando al luogo dell'esecuzione scortato dalle guardie. C'era un solo volto che vide più volte e che lo sorprese: era il volto di Sahlùl il commerciante di mobili e oggetti d'arte. Quando piombò il silenzio impressionante e il centro della piazza attrasse gli sguardi dei presenti, il suo cuore iniziò a palpitare. Era convinto di venire meno nel momento in cui sarebbe caduta la testa dell'altro. In quel preciso istante, nel silenzio generale, Shabìb Rama sollevò la spada che s'abbatté come un fulmine, tagliando la testa e ponendo fine alla storia di Gamasa al-Bulti.

Gamasa al-Bulti era convinto di essere morto, tuttavia se ne andò con le proprie gambe. Aumentò in lui lo stupore. Si unì alla gente che rientrava nelle proprie dimore. Infine la piazza si svuotò. Si chiese:

"Sono Gamasa al Bulti?".

Ed ecco la voce di Singàm:

"Come puoi dubitarne?".

L'uomo, eccitato, esclamò:

"Singàm! Sei tu l'autore del miracolo?".

"Sei vivo. Hanno ucciso solo un'immagine uscita dalle mie mani."

"Ti devo la vita. Non abbandonarmi."

"No, ora siamo alla pari. Ti affido alla protezione di Allah," disse chiaramente.

"Come potrò presentarmi in pubblico?" domandò allarmato.

"È impossibile che ti si riconosca. Guardati al primo specchio che incontri."

IL FACCHINO

1.

Sulla porta di casa di Gamasa al-Bulti pendeva la sua testa. Tutti i passanti la guardavano, si fermavano un istante prima di proseguire e Gamasa al-Bulti guardava con loro. Alcuni erano curiosi, altri dispiaciuti, altri ancora maliziosi. Gamasa invece guardava con stupore. Non si era ancora ripreso dall'afflizione di vedere sua moglie e sua figlia cacciate di casa. Erano passate davanti a lui senza prestargli attenzione perché aveva assunto le sembianze di un abissino dai capelli brizzolati, dalla barba corta e dalla figura slanciata. La meraviglia nel rimirare la sua testa mozzata non cessava, e la tristezza per la condizione della sua famiglia era infinita. Girava intorno alla casa e prestava attenzione ai commenti più disparati che venivano fatti sotto la testa appesa. Gli uomini della classe elevata – come Karam al-Asìl, al-Attàr e al-Bazzàz – lo maledivano senza pietà, mentre la gente comune si dispiaceva per la sua sorte. Il nuovo governatore Yusuf al-Tàhir, il segretario particolare Butaysha Murgàn e il nuovo capo della polizia Adnàn Shuma si occuparono della confisca dei suoi beni. Si domandava quanto delle sue proprietà sarebbe finito al Tesoro e quanto sarebbe entrato nelle loro tasche. Si soffermò un po' nei pressi della testa ciondolante a guardare, meditare e ascoltare. Vide Ugr il barbiere che, indicando la testa, diceva a Ibrahim l'acquaiolo:

"Lo hanno ucciso per l'unica buona azione che aveva compiuto in tutta la sua vita".

"Perché non lo ha salvato il suo genio credente?" domandò l'acquaiolo.

"Non impicciarti in faccende che non conosci," lo rimproverò il barbiere.

Maʿrùf il ciabattino annuì. Gamasa vide Sahlùl, il commerciante di mobili e oggetti d'arte, che fissava la testa distratto e ricordò la forza straordinaria che aveva dimostrato il giorno dell'esecuzione. Quando il commerciante rimase solo, Gamasa gli si avvicinò e gli chiese:

"Le dispiacerebbe narrare a uno straniero la storia dell'uomo cui apparteneva questa testa?".

Sahlùl lo fissò con uno sguardo che lo fece rabbrividire; Gamasa ebbe la sensazione che quegli occhi lo colpissero diritto al cuore. Sahlùl lo fissava sempre più intensamente e mentre si allontanava, gli disse:

"Non so nulla più degli altri".

Lo seguì con lo sguardo sinché scomparve, quindi pensò:

"Forse si ritiene troppo importante per parlare con un abissino sconosciuto".

Pensò alla sua vita di ex poliziotto conoscitore delle attività umane e si rese conto che Sahlùl era stato l'unico commerciante che non aveva mai intrattenuto rapporti sospetti con lui e con il governatore. Improvvisamente lo dimenticò perché numerosi pensieri assalirono la sua mente. Vide Ragab il facchino unirsi al gruppo di Ugr, Ibrahim e Maʿrùf, quindi si diresse verso di lui spinto da un progetto che aveva appena terminato di architettare. Lo salutò e disse:

"Sono un emigrante abissino e mi piacerebbe lavorare come facchino".

Ragab pensò al suo primo amico Sinbàd e rispose:

"Vieni con me. Allah è elargitore e munifico".

2.

Volteggiava con l'anima e con il corpo intorno alla propria famiglia. Che valore aveva mai la sua vita ora che era separato da loro e dalla sua testa? Continuò a seguire Rasmiyya e Akramàn sinché giunsero in una stanza della stessa pensione in cui abitava la famiglia di Sanʿan. Senza esitare anch'egli vi prese in affitto una stanza, presentandosi come Abd Allah il facchino. Lo rallegrava, pur continuando a essere pervaso dall'irrequietezza, che Umm Saʿad avesse condotto la famiglia alla nuova residenza. Lo rallegrava

grava che Umm Saʿad non avesse dimenticato i vecchi vicini di casa. La donna non aveva dimenticato che Rasmiyya l'avrebbe sostenuta nelle difficoltà e aiutata nella preparazione dei dolci che Fàdil Sanʿan avrebbe poi venduto per guadagnare il sostentamento per le due famiglie. Si rallegrava per tutto ciò e anche perché li aveva vicini a sé. Gioiva al vederli e al saperli in salute. Cercava di dimostrare il proprio affetto di marito e di padre, amava da lontano, da un luogo che nessuno conosceva. Sperava che un giorno Fàdil avrebbe sposato sua figlia Akramàn, come egli stesso aveva, a suo tempo, deciso con l'amico Sanʿan e sognava di sposarsi un giorno con Husniyya, la sorella di Fàdil.

Continuò a vivere quella strana vita sentendosi a volte vivo a volte morto.

3.

Di fatto egli era al contempo Abd Allah il vivo e Gamasa il morto: un'esperienza singolare che nessun essere umano aveva vissuto sino a quel momento. Lavorando per guadagnarsi da vivere, in compagnia di Ragab, si ricordava di essere vivo. Per strada, quando passava sotto la sua testa appesa oppure quando vedeva Rasmiyya e Akramàn, si ricordava di essere morto. Mai dimenticava di essere scampato alla morte grazie a un miracolo, quindi decise di seguire sino alla fine il cammino dei timorati di Allah. Provava sollievo nella religione e si sentiva sollevato quando, in solitudine, menzionava Allah. Sussurrava alla sua testa appesa: "Rimarrai il simbolo della morte di un essere malvagio che ha a lungo scherzato con la propria anima". Il suo cuore provava sempre una certa tenerezza nei confronti della sua persona scomparsa. La stessa che aveva coronato la vita con un pentimento sincero. Era molto colpito dal fatto che un uomo potesse morire pur continuando a vivere e che potesse vivere pur essendo morto. Chi avrebbe mai potuto credere che egli, nel suo intimo, era Gamasa al-Bulti? Sarebbe riuscito a essere per sempre l'unico depositario di quel segreto? Le stesse Rasmiyya e Akramàn lo guardavano come uno straniero giunto da una terra lontana. Per questa ragione provava al loro sguardo indifferente un'acuta sensazione di tristezza, era un'ingiustizia che lo tormentava. Non una volta, nemmeno una sola, si erano rifugiate nel profondo affetto che soggiaceva ai suoi sguardi furtivi, non una volta si erano accorte dei suoi sentimenti. Ogni mattina e ogni sera la scena dell'esecuzione si presentava ai loro occhi e non riuscivano a trovare rassegnazione. Lo rattristava dover restare lontano dalle due donne mentre erano travolte dalle preoccupazioni della vita quotidiana. Non avrebbero certo creduto che la vita gli era stata concessa grazie a un miracolo, non lo avrebbero accettato. Avevano tuttavia ingoiato l'amaro boccone della morte e ne avevano patito le pene. Avevano conosciuto la vita senza la sua presenza ed erano uscite da una nuova situazione con molte difficoltà come quando vi erano entrate. Egli non si azzardava, né tantomeno poteva, a distruggere la nuova costruzione. Chi era morto doveva continuare a essere morto in segno di misericordia verso le persone amate. Egli, nella nuova vita, doveva abituarsi alla propria morte. Doveva essere Abd Allah il facchino, non Gamasa al-Bulti. Doveva trovare appagamento nel lavoro e nella religione. Suo malgrado il lavoro spesso lo conduceva alle case dei conoscenti di un tempo, alle dimore delle persone rispettabili e dei governatori: il mondo della pietà esteriore e della corruzione occulta. Tutto ciò lo indusse a meditare su se stesso e sulla condizione della gente, turbando la serenità spirituale della sua anima. Restò immobile come se i suoi arti non riuscissero a svolgere la propria funzione. Pensò che come le stelle procedono secondo un ordine meraviglioso, così gli uomini devoti devono seguire il loro cammino.

"Continuo forse a vivere a seguito di un miracolo perché il mio destino è lavorare come facchino?" si domandò preoccupato.

4.

Shahriyàr prese a osservare il contorno disegnato dagli alberi che bisbigliavano nella notte. Il sultano era seduto sul balcone che si affacciava sul retro del palazzo nonostante l'autunno stesse arretrando all'incedere dell'inverno. Sopportare più facilmente il freddo piuttosto che lottare con il diluvio dei suoi pensieri. Si volse verso il visir Dandàn e gli domandò:

"Non vi piace il buio?".

"Mi piace quel che piace a voi, mio signore," rispose il visir con lealtà.

Dandàn continuava a chiedersi se il sultano era veramente cambiato oppure si trattava solo di un momento passeggero. Tuttavia non doveva mostrarsi impaziente. In passato il sultano era stato perentorio, esplicito, crudele e insensibile. Ora, improvvisamente, riluceva nel suo sguardo un barlume di perplessità.

"La comunità è felice e si profonde in ringraziamenti," riprese Dandàn.

"Ali al-Salùli è stato assassinato," sussurrò il sultano con tono severo, "e subito dopo è stato ucciso Khalìl al-Hamadhàni."

"Il bene e il male sono come il giorno e la notte," commentò Dandàn.

"E i geni?"

"Davanti al tappeto dell'esecuzione il criminale inventa tutto quel che può."

"Però io ricordo le storie di Shahrazàd!"

"L'assassino deve trovare la giusta punizione," disse Dandàn con il cuore in gola.

"La verità è che con Gamasa al-Bulti ero sul punto di accontentarmi di sbatterlo in prigione!"

Dopodiché aggiunse stizzito:

"Tuttavia lo condannai a morte a causa della sua insolenza nei miei riguardi".

Dandàn pensò tra sé e sé che il suo padrone era cambiato solo in superficie; ciononostante disse:

"In ogni caso il malfattore ha ricevuto la giusta punizione".

"E io ho ricevuto la mia buona dose di afflizione."

"Signore, sarà un'indisposizione passeggera."

"No, è una condizione dell'essere. Le storie di Shahrazàd non narravano forse la morte?"

"La morte!" esclamò atterrito Dandàn.

"Nazioni distruggono nazioni e alla fine bussa alla loro porta l'unico vincitore: il distruttore dei piaceri!"

"È desiderio di Allah che tu viva a lungo."

"I cuori sono un universo di segreti," commentò il sultano imperturbabile, "il dolore è scaltro. I sovrani di un tempo s'aggiravano di notte per esaminare la situazione."

"Per osservare la situazione, che idea!" esclamò Dandàn evasivo, pensando tra sé e sé: "Un essere con potere illimitato può mostrarsi come un fiore oppure agitarsi come un terremoto".

5.

Abd Allah il facchino continuava a muoversi senza sosta: per i vicoli privi di uscita, per le strade tortuose, per i quartieri dei commercianti e degli artigiani, per le strade affollate e le zone del tiro a segno, si acciuffavano e giustiziavano i criminali; attraverso le enormi porte che segnavano i confini della città da cui esalavano profumi che parevano insegne: l'odore penetrante della bottega del droghiere, delle essenze a base di sostanze stupefacenti, della concia dei tessuti, delle vivande prelibate e delle pelli maleodoranti. Passava innanzi a Rasmiyya e Akramàn, a Umm Sa'ad e Husniyya. Le salutava con una voce che non apparteneva a questo mondo e con un cuore che abitava nell'aldilà. Nel suo vagare aveva conosciuto Fàdil San'an con il quale aveva instaurato un buon rapporto. Tra la gente di un tempo c'era chi gli era rimasto amico, come Hasan al-Attàr e Nur al-Din, ma c'era anche chi lo evitava come se fosse Satana. Abd Allah temeva che si diffondesse la storia del genio poiché avrebbe rovinato il futuro di Akramàn e Husniyya, entrambe le quali potevano aspirare a matrimoni vantaggiosi. Apprezzava Fàdil San'an per la sua serietà, per la sua pietà e per il suo coraggio e per questo motivo scelse la scalinata della fonte pubblica come luogo di riposo durante la giornata lavorativa; lì i due uomini si incontravano e chiacchieravano. Una volta Abd Allah disse all'amico:

"Sei un giovane timorato di Allah che non omette alcun dovere del credente. Perché non preservi la tua virtù sposandoti?".

"Non possiedo i soldi per sposarmi," rispose Fàdil afflitto.

"Basta poco."

"Sono timido e orgoglioso."

"Hai Akramàn!" lo pungolò Abd Allah.

Si scambiarono un'occhiata accompagnata da un sorriso che celava molti segreti.

"E tu, Abd Allah, hai quaranta e passa anni e non ti sei ancora sposato."

"Sono vedovo, e anch'io desidero preservare la mia virtù."

"Sembra che tu non abbia bisogno della pronuba!"

"Mi piace la signora Rasmiyya, la madre di Akramàn," disse placidamente. Fàdil scoppiò a ridere e aggiunse: "Aspettiamo un po', poi ci presenteremo insieme".

"Perché aspettare?"

"Sinché sarà svanito il ricordo di Gamasa al-Bulti!"

Gli si strinse il cuore; egli desiderava Rasmiyya per salvaguardare la propria lealtà e la propria pietà, tuttavia se avesse dovuto seguire l'istinto avrebbe scelto Husniyya. Il giorno in cui Rasmiyya avesse acconsentito si sarebbe rallegrata solo una metà del suo cuore mentre l'altra metà sarebbe rimasta infelice.

6.

Ogni volta che rimaneva solo si domandava: "Sono forse rimasto in vita grazie a un miracolo solo per continuare a fare il facchino?" oppure: "Perché Singàm non mi ha abbandonato nel momento decisivo come ha fatto Qumqàm con Sanʿan al-Gammàli?". Traboccava di incredulità come tracima un recipiente scoperto sotto la pioggia. Le gambe lo condussero sino all'abitazione dello shaykh Abd Allah al-Balkhi. Gli baciò la mano, si sedette a gambe incrociate innanzi a lui e disse:

"Sono uno straniero".

"Tutti siamo stranieri," lo interruppe lo shaykh.

"Il vostro nome è come un fiore che attira a sé le api smarrite."

"Le buone azioni sono preferibili alle buone parole."

"Però, che cosa sono le buone azioni? Questo è il mio problema."

"Non ti sei imbattuto venendo qui in un uomo confuso?"

"Dove, mio maestro?"

"Tra il luogo del culto e quello del sangue," disse serenamente.

Prese a tremare dalla paura. Pensò che lo shaykh potesse vedere ciò che era celato e, sospirando, rispose:

"Nella notte tenebrosa non si vede la luna piena".

"Ho conosciuto tre tipi di allievi."

"Sono stati tutti fortunati!"

"Quelli che imparano i rudimenti e si adoperano sulla terra, quelli che approfondiscono il sapere e dominano le cose, quelli che perseverano lungo la retta via sino a trovare l'amore; questi ultimi purtroppo sono pochi."

Abd Allah rifletté brevemente, poi disse:

"Tuttavia i credenti hanno bisogno di qualcuno che li sorvegli".

"Tutto è proporzionato all'aspirazione," rispose lo shaykh senza scomporsi.

"Voi siete il mio obiettivo, maestro," disse Abd Allah sfidando la propria esitazione; poi tacque come se stesse raccogliendo le idee. Lo shaykh rispose:

"Non parlarmi del tuo obiettivo".

"Perché?"

"Tutto è proporzionato all'aspirazione!"

Abbassò le palpebre e si estraniò.

Abd Allah sperava che le risollevasse, ma lo shaykh non lo fece. Quindi si inchinò, gli baciò la mano e se ne andò.

7.

Pensò che lo shaykh fosse a conoscenza delle sue preoccupazioni e che se ne fosse fatto carico. Doveva essere così, considerato il fatto che egli aveva riposto in lui la fiducia. Il giorno seguente i malfattori sarebbero caduti in disgrazia a seguito della risolutezza di un uomo pentito e dell'astuzia di un poliziotto esperto. Continuò a lavorare mentre aumentavano in lui la serenità d'animo e la concentrazione. A prescindere dallo sconforto che gli pervadeva il cuore, la sua mente si dilettava in pensieri che non conoscevano né comprensione né pietà, pensieri affilati come la lama di un coltello. La vita lo aveva colto alla sprovvista con le sue ironiche contraddizioni, con i suoi esiti cruenti e le sue promesse di felicità. Non voleva fare marcia indietro perché aveva rifiutato di accettare gratuitamente il regalo della vita. Per questo motivo Husniyya gli pareva simile a un raggio di speranza che risplendeva nel cielo di un altro mondo. Verso sera si recò alle scale della fonte pubblica dove venne raggiunto da Fàdil Sanʿan. Era evidente che il giovane bruciava le tappe più in fretta di Abd Allah.

"Chiederò la mano di Akramàn," disse Fàdil.

"Non avevi detto che preferivi aspettare un po'?" domandò stupito.

"No. Ho cambiato idea. E chiederò la mano di Rasmiyya per conto tuo!"

Abd Allah, pensieroso, non profferì parola. Non c'era dubbio che Rasmiyya avesse bisogno di un uomo che alleviasse la sua tribolazione ed era certo che lei non potesse sperare in una persona migliore di lui.

"Come sarebbe bello che madre e figlia si sposassero nella stessa serata!" esclamò Fàdil esultante.

Poiché si fidava di lui, Fàdil gli raccontò la storia di Sanʿan al-Gammàli e di Gamasa al-Bulti.

8.

Quando Fàdil terminò il suo commovente racconto, Abd Allah commentò:

"Allah onora chi desidera e umilia chi desidera".

"Tutto è proporzionato all'aspirazione," sussurrò Fàdil Sanʿan.

La frase lo assalì come il forte odore del pepe. Si chiedeva se Fàdil l'avesse appresa dalla stessa fonte. Ansioso di cambiare discorso, disse:

"E ciò che completa l'aspirazione è l'accortezza".

Entrambi rimasero assorti un istante nei propri pensieri dopodiché Abd Allah riprese:

"Siamo in procinto di diventare un'unica famiglia, per questo ti dico che un facchino entra nelle dimore in cui hanno accesso solo gli appartenenti alle classi elevate".

Fàdil intuì che l'amico stava per fargli una confidenza. Lo guardò con uno sguardo interrogante e Abd Allah iniziò:

"Nella casa di Yusuf al-Tàhir, il governatore, e in quella di Adnàn Shuma, il capo della polizia, talvolta si bisbiglia sui nemici dello stato".

"È il minimo che ci si possa aspettare," rispose Fàdil, fingendo indifferenza.

"Nessuno mai si immaginerebbe che io comprenda il significato di quel che si dice e che io allunghi le orecchie."

"Tu sei un uomo fuori dal comune, Abd Allah, questo è quel che mi stupisce!"

"Non bisogna stupirsi della perspicacia di un uomo che ha vagato per vari paesi e numerose situazioni!"

"La verità è che sono felice con te," ammise Fàdil, ma Abd Allah proseguì la propria confessione:

"Sono persone ossessionate. Ogni volta che tardano a risolvere un caso invocano i fantasmi degli sciiti e dei kharigiti".

"Lo so perfettamente."

"Per questo ti dico che per completare l'aspirazione è necessaria anche accortezza."

Fàdil lo guardò sospettoso, quindi chiese:

"Che vuoi dire?".
"Sei abbastanza intelligente per capirlo da solo."
"Pare che tu voglia mettermi in guardia."
"Non importa."
"Non sono che un venditore di dolci. Intravedi in me qualcosa di sospetto?"
Abd Allah sorrise in modo enigmatico e rispose:
"Mi piace la prudenza come mi piacciono gli sciiti e i kharigiti".
"A quali appartieni?" domandò Fàdil impaziente.
"Non appartengo né agli uni né agli altri, ma sono nemico dei malfattori."
Abd Allah si trovò a far fronte a un esplicito invito, ma in quanto ex capo della polizia preferì fare a modo suo.

9.

Abd Allah il facchino si scagliò come un dardo nel cielo nella lotta contro il mondo intero. Fece appello all'energia di un tempo e, questa volta, la assoggettò a una ferma e schietta volontà. Subito Butaysha Murgàn, il segretario particolare, venne assassinato. Accadde dopo la mezzanotte, mentre quest'ultimo, accompagnato da due guardie, si stava dirigendo dalla casa del governatore alla propria abitazione. Dalle tenebre partì una freccia che gli trafisse il cuore. S'accasciò sul dorso della sua mula, tra le lance e le torce. Le guardie ispezionarono a fondo il luogo del delitto e arrestarono tutti i passanti, i vagabondi e coloro che dormivano rincantucciati negli angoli delle strade. La casa di Butaysha si riempì di tristezza, mentre la residenza del governatore vacillò. Yusuf al-Tàhir uscì dalla propria abitazione come un pazzo. La notizia giunse sino al visir Dandàn che, allarmato, trascorse la notte insonne. La mattina seguente si diffuse prima nel quartiere, poi nella città intera. La popolazione era in subbuglio ed esprimeva opinioni in proposito. Era un nuovo anello della catena di morti violente, quelle di al-Salùli e di al-Hamadhàni? Una nuova lotta nel mondo dei geni misteriosi? Oppure erano stati gli sciiti o i kharigiti? Forse si trattava di un avvenimento isolato dietro il quale si celava solo una moglie gelosa o un uomo invidioso.

Dal cielo si scatenò un acquazzone che non si placò per tutto l'arco della giornata. Il fango si accumulava e l'acqua inondava le strade e i vicoli, rendendo difficili i preparativi per il funerale e la sepoltura e preannunciando un inverno rigido. Abd Allah il facchino si trovava tra la gente comune che popolava il Caffè dei Principi, con i sensi in allerta. La notizia era al centro di tutti i discorsi. C'erano diverse opinioni tra i notabili che comunicavano i propri pensieri a voce alta, mentre la gente comune scambiava pareri sottovoce. Abd Allah scorse Sahlùl, il commerciante di mobili e oggetti d'arte, impegnato in una lunga conversazione con Karam al-Asìl il milionario, e gli si strinse il cuore. Non aveva dimenticato l'occhiata penetrante che Sahlùl gli aveva lanciato sotto la testa appesa. Ricordava di averlo visto aggirarsi intorno al seguito del segretario particolare mentre egli stesso, Abd Allah, si stava apprestando a scoccare la freccia. Com'è che le guardie non l'avevano arrestato? Com'era sfuggito agli sguardi delle guardie? Aveva il cuore in gola e provava una sensazione di paura. Si stupiva che nel periodo in cui era stato capo della polizia l'unico uomo di cui non conosceva alcun segreto fosse proprio Sahlùl. Conosceva tutto sui notabili, quel che era noto a chiunque e quel che si celava, ma nulla su questo uomo che continuava a essere un fitto mistero.

10.

Lo zelo delle persone che occupavano posti di responsabilità non diminuì né le risoluzioni severe che presero costoro si addolcirono. Quanto al resto della popolazione, si abituò all'accaduto e smise di parlarne; infine dimenticò tutto. Ben presto le esigenze della vita ebbero la meglio sugli avvenimenti storici e un giorno Umm Saʿad, la vedova di Sanʿan, rivolgendosi a Rasmiyya, la vedova di Gamasa al-Bulti, disse:

"Con la benedizione di Allah e la Sua saggezza, mio figlio desidera sposarsi con Akramàn".

L'accordo venne stipulato tra la felicità generale. Entrambe vivevano nella realtà e non avrebbero certo permesso a un sogno fugace di rovinarla.

"Anche tu, Rasmiyya!" aggiunse Umm Saʿad.

E le comunicò che Abd Allah desiderava sposarla. Rasmiyya, sorpresa, scoppiò a ridere, il che non significava affatto che la notizia l'avesse rallegrata.

"Il matrimonio è per Akramàn e Husniyya, non per noi!" disse imbarazzata.

Dopo un attimo di silenzio, continuò:

"Gamasa non è morto. Il suo ricordo vive ancora in me".

Fàdil e Abd Allah furono entrambi soddisfatti della risposta ricevuta. Certo ad Abd Allah non faceva piacere reprimere i propri sentimenti, ma il Gamasa nascosto in lui non stava più nella pelle dalla felicità.

11.

Le nozze vennero celebrate nella stanza di Umm Sa'ad. Erano presenti le due famiglie. Venne invitato anche Abd Allah il facchino, che regalò alla coppia ambra e incenso, unitamente al denaro che aveva guadagnato quel giorno scopando un cortile, attività nella quale si era impegnato con lo stesso ardore con cui aveva ucciso Butaysha Murgàn. La calorosa atmosfera della famiglia lo inebriava e lo rilassava. Il suo cuore ribolliva poiché era padre e sposo al contempo, mentre l'amore si trovava al tempo stesso sotto la protezione della pietà e dell'amore di Allah, il Misericordioso. Recuperò la ricchezza di un'esistenza passata e godette della vicinanza dei propri cari, sotterrando il suo segreto in un pozzo di tristezza. Husniyya si offrì di animare il matrimonio del fratello avvalendosi della propria capacità di poetessa e cantante e di una voce bella e melodiosa. Al ritmo del batter di mani, la sua voce dolcissima intonò:

Il mio sguardo trasmette alla mia favella affinché sappiate
e quel che cela il mio cuore conosciate.
Quando ci incontrammo e lacrime vennero versate
tacqui, ma le pene del mio cuore dai miei occhi vennero narrate.

Tutti si commossero, anche Abd Allah, al punto che il suo cuore traboccò di lacrime. Si alzò per gettare legna nella stufa e udì bussare alla porta. Andò ad aprire e nella fredda oscurità apparvero tre figure. Una di loro disse:

"Siamo commercianti stranieri. Abbiamo udito un bel canto e poi ci siamo detti che la gente nobile non caccia uno straniero".

Fàdil fece cenno alle donne di nascondersi dietro la tenda che divideva la stanza e si diresse verso gli stranieri dicendo:

"Entrate in pace. È solo un matrimonio di gente semplice".

"Desideriamo godere della compagnia di brava gente," commentò lo straniero.

"C'è un calore piacevole, qui," disse un altro dei tre.

Fàdil si fece loro incontro con un piatto di *basima* e *mushabbik* e aggiunse:

"Possediamo solo questo. È ciò di cui ci nutriamo".

"Sia lode ad Allah che ci ha concesso queste delizie e altresì una piacevole serata."

Il più anziano tra gli stranieri si chinò verso l'orecchio di un altro compagno che uscì precipitosamente. Abd Allah osservò attentamente il più attempato e gli sembrò di non incontrarlo per la prima volta. Cercò di ricordare dove e quando lo aveva visto, ma non gli venne in mente. Poco dopo l'altro straniero rientrò recando pesce fritto e carne arrosto che risvegliarono l'appetito dei presenti rallegrati alla vista di tante prelibatezze.

"La nostra dimora non è degna di gente del vostro rango," disse Fàdil ringraziando.

"Quel che conta è la gente che la abita," rispose gentilmente l'uomo e, poco dopo, supplicò:

"Consentiteci di ascoltare altre canzoni, poiché è stato il canto a far sì che ci conoscessimo".

Fàdil scomparve dietro la tenda e prima che ritornasse al proprio posto, si udì ancora una volta la voce di Husniyya che cantava:

Qualora da dove venivate avessimo saputo
il cuore e i nostri occhi neri avremmo spalancato
le nostre gote avremmo mostrato e gli sguardi
[ci avrebbero presentato.

Tutti si commossero e uno degli stranieri esclamò:

"Che il grande Creatore ti benedica!".

"Com'è che possiedi questa schiava se sei povero come sostieni?" domandò il più anziano.

"È solo mia sorella."

"Ha una voce ben educata, il che indica una nobile origine."

Fàdil tacque e Abd Allah disse:

"È merito della nobile origine, ma la perfidia le ha sbarrato la strada".

"È qual è la storia di questa perfidia?" chiese il commerciante straniero.

"Non c'è nessuno in città che non conosca la storia di San'an al-Gammàli!"

L'uomo rimase in silenzio un istante, poi aggiunse:

"È una delle storie meravigliose che abbiamo udito nella vostra città".

"Ma voi credete quel che si narra del genio?" domandò il suo compagno.

"Come è possibile non credervi con tutte le calamità che ci hanno colpito!" rispose Fàdil freddamente.

"Tuttavia il governatore non può convocare il genio per testimoniare o per essere interrogato. Come può fare giustizia?"

"Il governatore deve fare giustizia sin dal principio di modo che i geni non si intromettano nella nostra vita," esclamò Abd Allah il facchino.

"Avete forse subito dei torti durante la vostra vita?" domandò il più anziano.

La prudenza acquisita nei suoi trascorsi da capo della polizia accorse in suo aiuto e ribatté:

"Abbiamo un sultano retto, sia lode ad Allah, ma la vita non è esente da tribolazioni".

La conversazione si protrasse ancora qualche istante poi gli stranieri si alzarono e si congedarono.

12.

I tre rimasero in silenzio, avvolti dall'oscurità. Il secondo commerciante si rivolse al più anziano e chiese:

"Ha trovato il divertimento desiderato, mio signore?".

"Una distrazione dalle afflizioni del cuore," sussurrò l'altro, che di lì a poco aggiunse:

"La compagnia dei poeti non mi diletta più e le buffonate di Shamlùl il gobbo non mi fanno più ridere".

"Che Allah ci protegga, mio signore."

"È stato un sogno breve ma sconcertante," disse il sultano parlando tra sé e sé, "la verità non si rivela sinché non è svanita."

L'altro attese che il sultano gettasse luce sulle proprie parole, ma rimase silenzioso.

13.

Fàdil e Akramàn occuparono una stanza e Rasmiyya, Umm Saʿad e Husniyya utilizzarono l'altra. Nonostante la semplicità della vita, gli sposi vivevano felici e sereni e Fàdil augurò a Husniyya un avvenire come il suo. Dimenticò il passato prima delle donne poiché era sempre occupato, a differenza di loro che non smettevano di ricordare i bei tempi che furono, la gloria e lo splendore. Si incontrava con Abd Allah il facchino con cui scambiava pensieri della mente e del cuore.

Abd Allah era una roccia, la sua anima era ancora più nobile di lui. La sua attenzione era rivolta alle preoccupazioni umane, quasi fosse un dottore della legge più che un facchino. Se un passante avesse ascoltato le loro conversazioni sulle scale della fonte pubblica si sarebbe stupito e li avrebbe giudicati due uomini pericolosi, travestiti uno da venditore ambulante e l'altro da facchino. Un giorno Fàdil disse:

"Io ti ho aperto il cuore, mentre tu continui a tenere chiuso il tuo".

Abd Allah scosse il capo in segno di diniego.

"C'è un segreto nella tua vita," continuò Fàdil, "non sei un semplice facchino."

"Avevo una guida spirituale nella mia patria," rispose sereno Abd Allah, "e questo non è un segreto."

"Questo spiega tutto."

"In ogni caso ci siamo dissetati alla stessa fonte."

"Per questo desidero chiederti un favore," disse deciso Fàdil.

Abd Allah lo interrogò con lo sguardo e Fàdil disse:

"Con il tuo mestiere entri in tutte le case".

Abd Allah, con un sorriso complice, tacque in attesa che il giovane si spiegasse.

"Accetti talvolta di consegnare messaggi?"

"Ci sono delle persone che non trovano un significato nella vita se non si mettono nei guai," disse sorridendo, mentre pensava con affetto ad Akramàn.

"Accetti questo incarico?" domandò Fàdil senza prestare attenzione alle parole di Abd Allah.

"Quel che desideri e ancora di più," rispose l'altro serenamente.

14.

Accettò questo compito secondario con allegria e fiducia poiché lo riteneva solo una piacevole deviazione dagli incarichi principali. Le preoccupazioni personali – Rasmiyya, Husniyya e il continuo oscillare tra vita e morte – non scomparivano dalla sua mente, benché non lo infastidissero, mentre le preoccupazioni generiche si erano dissolte come si dissolvono le onde del fiume nell'oceano.

La seconda vittima del suo piano avrebbe dovuto essere Yusuf al-Tàhir oppure Adnàn Shuma, entrambi un facile bersaglio. Tuttavia egli preferì ai due suddetti Ibrahim al-Attàr, per un motivo ben preciso che non gli era mai venuto in mente prima. Una volta Abd Allah aveva trasportato alla casa di Ibrahim della merce, ma al momento di pagare, il poderoso commerciante lo aveva maledetto e insultato.

La freccia mortale si conficcò nel petto di Ibrahim al-Attàr mentre rientrava a casa dopo aver trascorso la serata al Caffè. Il panico dilagò per la città, il ricordo della morte di al-Salùli, Butaysha Murgàn e al-Hamadhàni riaffiorò. Abd Allah e Fàdil si trovavano presso le scale della fonte pubblica nel momento in cui iniziarono i disordini. Si scambiarono sguardi preoccupati mentre cercavano invano di distendersi.

"Che eventi orribili," sussurrò Abd Allah.

L'altro disse innocentemente:

"L'assassinio non fa parte dei nostri piani".

"Forse è stata una vendetta personale," commentò Abd Allah fingendo perplessità.

"Non penso."

"Comunque non era più corrotto di tanti altri."

"L'aristocrazia sa bene che metteva veleno nelle medicine dei nemici del governatore."

Abd Allah pensò che il suo amico conoscesse i segreti della gente come lui se non di più.

"Se l'assassinio non fa parte dei nostri piani chi lo ha perpetrato?"

"Solo Allah lo sa," disse Fàdil preoccupato, "c'è qualcuno che uccide e noi ne paghiamo il prezzo."

15.

Quando spense la candela e andò a letto sentì una strana presenza che lo colse di sorpresa. Con il cuore tremante mormorò: "Singàm!".

La voce chiese freddamente:

"Che hai combinato?".

"Lungo il mio cammino faccio quel che ritengo bene."

"No. È stata piuttosto una reazione ai suoi insulti."

"Ho solo anticipato la sua fine. Prima o poi sarebbe giunto il suo turno!" disse con prepotenza.

"Il tuo conto si trova presso Colui che conosce ciò che si cela nei cuori. Attento, uomo!"

Singàm si dileguò e Abd Allah non chiuse occhio.

16.

In cima alla moschea del Decimo Imam, in una riunione molto festosa, invasa dal freddo e avvolta dal manto invernale, sedevano Qumqàm e Singàm mentre sotto la cupola le forze di polizia mostravano gli artigli con occhi infuocati di rabbia. Qumqàm, rattristato, sussurrò:

"Ah, tribolazioni umane!".

"Ho solo salvato l'anima di Gamasa al-Bulti dal fuoco dell'inferno," si scusò Singàm.

"Non ci intrometteremo più nelle loro vite, ora tutto procede come speravamo."

"Rimanere indifferenti è più di quel che si possa sopportare."

In quell'istante passò sotto di loro il maestro Sahlùl, il commerciante di mobili e oggetti d'arte. Qumqàm, indicandolo, disse:

"Sono felice che riesca a vivere con loro come se fosse un essere umano".

"Ma è un angelo, un rappresentante di Izraìl nel quartiere. Il suo compito è quello di mescolarsi a loro di giorno e di notte, a lui è concesso fare cose che noi non possiamo fare."

"Invochiamo Allah affinché ci ispiri la soluzione," disse Qumqàm.

"Amen," rispose Singàm.

17.

Le attività del facchino Abd Allah vennero ostacolate da un avvenimento che lo preoccupò. Stava procedendo per la strada con un carico di noci e frutta secca diretto alla casa di Adnàn Shuma, il capo della polizia. Non si era ancora soffermato a riflettere sulle motivazioni dell'omicidio di Ibrahim al-Attàr. Era stata una risposta a una lotta sincera contro il male oppure lo avevano spinto la rabbia e il desiderio di vendetta? La strada di Allah era manifesta e non doveva mescolarsi al rancore o all'orgoglio personali altrimenti le fondamenta dell'edificio sarebbero franate. L'abitazione di Adnàn Shuma si trovava nella via delle processioni e delle festività, a poca distanza dalla residenza del governatore. Era una strada signorile sulla quale si affacciavano le dimore dei notabili e grandi alberghi. C'erano altresì un parco e una piazza dove si vendevano schiave. Abd Allah, mentre entrava nella casa, pensò tra sé e sé: "Ben presto giungerà anche il tuo turno, Adnàn!". Una volta entrato, uno schiavo lo fermò e gli comunicò che il padrone di casa desiderava conferire con lui. Si recò nella sala di ricevimento con il cuore palpitante di paura. L'uomo lo osservava con il volto piccolo e tondo, gli occhi penetranti simili a due fessure. Giocava con la barba.

"Da quale paese provieni?" domandò Adnàn.

"Dall'Abissinia," rispose umilmente Abd Allah.

"Mi è stato riferito che hai una buona reputazione e che non dimentichi mai gli obblighi religiosi."

"Grazie ad Allah e alla Sua misericordia," disse il facchino tirando un primo sospiro di sollievo.

"Per questo ti ho scelto."

Il significato di quelle parole pervase la sua mente come si diffonde un profumo penetrante in un luogo chiuso. Quante volte, quando era ancora capo della polizia, aveva pronunciato quelle stesse parole a una persona che desiderava assoldare nel corpo delle spie. Sapeva bene che cercare di sfuggire a quella responsabilità equivaleva a una sentenza di morte. L'unica soluzione era obbedire.

"Così avrai l'onore di servire il sultano e la religione," disse Adnàn.

Abd Allah finse di esserne rallegrato e onorato e di sentirsi tranquillo. La finzione ebbe l'effetto desiderato.

"Attento a quel che tramerà il traditore per distruggerti," continuò l'altro.

"Mi rallegro di servire nelle schiere di Allah," sussurrò Abd Allah enigmatico.

"Le case ti sono aperte in virtù del tuo mestiere," disse Adnàn Shuma, "ti mancano solo alcune direttive che troverai nei documenti segreti a partire dall'epoca di Gamasa al-Bulti."

18.

Uscì dalla casa di Adnàn Shuma con un nuovo incarico, l'incarico più oneroso che avesse mai dovuto assolvere. Quando s'incontrò con Fàdil San'an gli confidò il nuovo segreto. Fàdil rifletté a lungo sulla questione, poi disse:

"Ora possiedi due occhi: uno per noi e l'altro contro di noi".

Abd Allah rimase assorto nei suoi pensieri.

"Non lo ritieni un vantaggio?"

"Sono costretto a dimostrare fedeltà al mio lavoro," rispose Abd Allah scoraggiato.

Fàdil si rifugiò nel silenzio con i propri pensieri e Abd Allah riprese:

"A volte mi domando se quell'uomo mi abbia scelto perché sospetta di me".

"Gli uomini violenti non hanno bisogno di astuzie," lo confortò Fàdil.

"Sono d'accordo, ma come posso dimostrare la mia fedeltà?"

Fàdil riprese a riflettere sul fatto, dopodiché disse:

"Talvolta le circostanze della vita stabiliscono che uno dei nostri debba essere spedito in un paese lontano. Sceglierò uno di loro affinché tu lo denunci per poi rilasciarlo 'casualmente' al momento opportuno!".

"È una buona decisione, ma non può essere ripetuta," commentò Abd Allah con gli occhi che luccicavano all'idea.

"In verità è un bel pasticcio," disse Fàdil tra sé e sé.

"Allora la pensi come me!"

Si domandava se sarebbe riuscito a portare a termine il suo piano segreto. Improvvisamente i suoi pensieri si dissiparono: aveva visto il maestro Sahlùl attraversare la strada innanzi a loro, senza badare a nulla. Come al solito il cuore gli balzò in gola. Diede una gomitata a Fàdil e gli chiese:

"Che cosa sai di quest'uomo?".

"Sahlùl è un commerciante di mobili e oggetti d'arte," rispose Fàdil spontaneamente, "era amico di mio padre, forse è l'unico commerciante pulito."

"Che cosa sai ancora?"

"Nulla."

"Non ti incuriosisce il mistero che lo circonda?"

"Mistero? È la semplicità fatta persona, è un uomo esperto, non ha nulla a che spartire con gli altri. Perché questa domanda?"

Dopo qualche istante di esitazione Abd Allah rispose:

"Ha uno sguardo penetrante che non mi fa stare tranquillo".

"I sospetti sono infondati. È una limpida eccezione a una regola corrotta."

Abd Allah sperava che Fàdil avesse ragione e che il suo sospetto fosse ingiustificato.

19.

Fidandosi della sua passata esperienza era convinto che sarebbe stato sorvegliato, come d'altronde tutti i nuovi informatori segreti. Era evidente che non avrebbe avuto la possibilità di vivere nuove avventure, a meno di riuscire a rimuovere Adnàn Shuma dal proprio cammino con un colpo deciso. Si recò a casa di Adnàn per un incontro segreto.

"Tra poco cadranno molti frutti," gli disse, "il quartiere è pieno di infedeli, ma penso che sia meglio evitare di frequentarli."

"Ti procurerò un intermediario," disse Adnàn Shuma soddisfatto.

"È sufficiente per le questioni ordinarie, quanto a quelle pericolose è meglio evitare di incontrarci."

"Ne parleremo dopo."

"Il miglior favore è quello fatto in fretta," commentò orgoglioso Abd Allah.

"Talvolta di notte mi reco fuori dalle mura della città, credo che sia un luogo adeguato."

I suoi ordini superarono le aspettative di Abd Allah.

20.

Con l'aiuto di Fàdil San'an fornì informazioni su un giovane scapolo che abitava da solo in un appartamento nel quartiere dei conciatori di pelli. Purtroppo quando la polizia fece irruzione nella casa scoprì che era partito per un viaggio da alcuni minuti. Adnàn Shuma si adirò e disse ad Abd Allah:

"Hai destato i suoi sospetti senza rendertene conto!".

Abd Allah assicurò che costui era più astuto di quanto non pensasse, ma l'altro lo mandò via, disgustato.

21.

La casa del governatore sussultò, così come il quartiere e la città, quando venne ritrovato il cadavere di Adnàn Shuma fuori dalle mura. Shahriyàr stesso montò su tutte le furie. I notabili vennero presi da paure ignote che uscivano dalle tenebre strisciando. Abd Allah venne a sapere, grazie a fonti segrete d'informazione, che la ricerca era diretta essenzialmente sui motivi che avevano spinto il capo della polizia a recarsi di nascosto fuori dalle mura della città. Fu il primo a cui venne svelato il segreto della sua vittima: Adnàn si era recato in una certa abitazione per incontrarvi Gulnàr e Zahriyàr, le due figlie di Yusuf al-Tàhir, il governatore del quartiere. La verità era che egli conosceva lo stile di vita delle due donne sin dai tempi in cui era capo della polizia e da prima ancora che Yusuf al-Tàhir diventasse governatore. Per questo motivo il capo della polizia lo aveva convocato in una villa all'interno del giardino della casa, per poi dirgli di andarsene. Ma egli non era ritornato al quartiere, anzi lo aveva atteso al buio fino a quando era uscito dalla casa poco prima dell'alba; in quel momento aveva scagliato la freccia assassina. Ora la sensazione di sicurezza si era dileguata: non poteva escludere l'idea che qualcuno vicino ad Adnàn Shuma, uomo o donna, fosse al corrente dell'incontro segreto. Decise di fuggire anche solo per un breve periodo. Lasciò il quartiere per recarsi in un luogo nei pressi del fiume, una verdeggiante lingua di terra dove praticare il suo passatempo preferito: la pesca, nello stesso posto in cui aveva incontrato Singàm. Vide una palma imponente sotto la quale si distese per immergersi nei propri pensieri. Giunta la notte, le stelle scintillavano dolcemente e il freddo aumentava. Chissà se la decisione era stata giusta oppure l'ansia aveva rovinato tutti i suoi piani? Come e quando avrebbe avuto l'occasione di agire nuovamente? Come avrebbe evitato i nemici e come si sarebbe ricongiunto all'amico Fàdil Sanʿan? Nella quiete della notte una voce lo raggiunse:

"Abd Allah!".

Guardò nella direzione da cui proveniva la voce, verso il fiume e chiese:

"Chi mi chiama?".

"Avvicinati," disse la voce con un tono che infondeva fiducia, serenità e pace.

Si chinò guardando attentamente il fiume di cui vide l'oscura superficie sotto le stelle. Ed ecco una figura con metà del corpo immersa nell'acqua e metà appoggiata con le braccia alla riva.

"Hai bisogno di aiuto?" domandò.

"Sei tu quello che ha bisogno di aiuto, Abd Allah."

"Chi sei, com'è che mi conosci?" chiese allarmato.

"Sono Abd Allah del mare come tu sei Abd Allah della terra, la morsa del male si sta stringendo intorno al tuo collo."

"Signore, che cos'è che ti fa restare nell'acqua? Che tipo di creatura sei?"

"Sono solo un servitore dell'infinito regno marino."

"Vuol dire che esiste un regno sotto l'acqua?"

"Certo. Là è stata raggiunta la perfezione, mentre le contraddizioni sono svanite. L'unica cosa che intorbidisce la sua purezza è la disgrazia della gente che vive sulla terra."

"Ciò che ascolto è straordinario, ma il potere divino è infinito," esclamò Abd Allah affascinato.

"Così è la Sua misericordia. Spogliati e tuffati nell'acqua."

"Perché? Perché mi chiedi ciò in una notte così gelida?"

"Fa' quel che ti dico perché la morsa assassina si sta stringendo intorno al tuo collo."

Repentinamente Abd Allah del mare s'immerse nell'acqua abbandonandolo alla propria decisione. Spinto da una folle ispirazione si tolse gli abiti e si tuffò nel fiume sino a scomparire per intero. Allora la voce gli disse:

"Ritorna sulla terraferma sano e salvo".

Si accorse che sotto i suoi piedi c'era la terra e che il cuore era ben saldo al suo posto. Comprese di essere un predatore del cielo, della terra e della notte e sentì un certo tepore. In quel preciso istante fu vinto dalla stanchezza; dormì un sonno profondo e sereno. Pareva che le stelle scintillassero solo per vegliarlo. Si destò prima del crepuscolo mattutino. Guardò la propria immagine riflessa nello specchio d'acqua illuminato dai primi raggi di luce e vide un volto nuovo, ignoto sino a quel momento.

"Benedetti i miracoli che provengono da Allah," esclamò.

Non era il viso di Gamasa al-Bulti, ma nemmeno quello di Abd Allah. Era un volto color del grano, limpido, con una lunga barba nera e capelli con scriminatura che gli giungevano sino alle spalle e occhi che luccicavano come stelle. Sapeva che Abd Allah era morto come Gamasa al-Bulti prima di lui. Fàdil e Akramàn erano scomparsi, come pure Rasmiyya, Husniyya e Umm Sa'ad. Ciononostante si erano materializzate voci nuove, si avvicinavano con un sorriso avventure nuove e un mondo nuovo che svelava meraviglie felici.

22.

La vita nelle vicinanze della lingua verde che si estendeva sino al fiume gli piaceva. La palma era sua compagna, la pesca nel fiume costituiva il suo cibo e l'aria pura era sua amica. Gli innamorati e i musicisti che si recavano alla lingua verde lo infastidivano, ma ricevevano al contempo il suo perdono. Quanto alla serenità del suo cuore la raggiungeva solo in compagnia di Abd Allah del mare. La gente che costeggiava il fiume recava le notizie della città. Venne a sapere, tra le altre cose, che il governatore Yusuf al-Tàhir aveva nominato Humàn al-Fiqi proprio segretario particolare e Bayùmi al-Armal capo della polizia. Era venuto anche a sapere che le forze di sicurezza avevano fatto irruzione nel quartiere come un ciclone chiedendo di Abd Allah il facchino, avevano arrestato i suoi amici e condotto in prigione Ragab il facchino, Fàdil San'an e sua moglie Akramàn. Improvvisamente la sua sicurezza scomparve, il suo cuore si rattristò. Era l'inizio di una nuova battaglia.

23.

Non andò a uccidere bensì a offrirsi come prezzo del riscatto per le persone che amava. Non provava né timore né paura. L'istinto ebbe la meglio sull'ansia. Si diresse alla polizia e si presentò a Bayùmi al-Armal. Con calma e contegno disse:

"Sono venuto a confessare innanzi a voi che sono l'assassino di Adnàn Shuma!".

Il capo della polizia lo osservò attentamente e gli domandò:

"Chi sei?".

"Abd Allah della terra, il pescatore."

Per via del suo aspetto, il capo della polizia lo credette pazzo; ordinò che gli venissero messe le manette, in caso fosse pericoloso, quindi gli chiese:

"Perché hai ucciso Adnàn Shuma?".

"Perché ho l'incarico di uccidere tutti i malfattori," rispose con semplicità.

"Chi ti ha incaricato?"

"Singàm, un genio credente, egli mi ha ispirato a uccidere Khalìl al-Hamadhàni, Butaysha Murgàn e Ibrahim al-Attàr."

L'uomo lo assecondò e disse:

"L'ex capo di polizia Gamasa al-Bulti aveva confessato di aver ucciso al-Hamadhàni".

"Ma prima Gamasa al-Bulti ero io," esclamò.

"La sua testa è appesa sulla porta di casa sua."

"Certo, l'ho vista con i miei occhi."

"Insisti a dire che la testa è la tua?"

"Non c'è dubbio. Mi crederai quando avrai ascoltato la mia storia."

"Come e quando sei entrato in possesso di questa nuova testa?"

"Permettimi di convocare Singàm a testimone."

"Ti meriti di trascorrere il resto della tua vita in manicomio," esclamò il capo della polizia.

Ordinò che lo conducessero al manicomio e mentre lo traducevano Abd Allah urlava:

"Aiutami, Singàm! Aiutami Abd Allah del mare!".

Fàdil soffrì a lungo, rinchiuso in prigione, sinché il governatore non ebbe altra soluzione che rimetterlo in libertà con gli altri e, al contempo, ordinò di intensificare le ricerche del facchino Abd Allah.

NUR AL-DIN E DUNYAZÀD

1.

Nur al-Din bagnava gli alberi nella piazza del tiro a segno, facendo risplendere i delicati fiori del bezoar. Anche la luce della luna irrorava Qumqàm e Singàm, seduti su un ramo dell'albero più grande, in una notte in cui gli aliti dell'inverno che si accomiatava si mescolavano con gli stimoli della primavera.

"Che bello il tempo quando scorre con il beneplacito della provvidenza," disse Qumqàm.

"Quando regna la pace divina si odono i fiori sussurrare, innalzando lodi ad Allah," commentò Singàm.

"Che cosa manca agli uomini affinché possano godere del piacere del tempo e del luogo?"

"Questo è quel che mi stupisce, fratello. Non sono forse dotati di mente e anima?"

Qumqàm domandò:

"Non c'è forse un presagio nell'aria?".

In quell'istante si posarono su un ramo vicino due geni spudorati, un maschio e una femmina.

"Sakhrabùt e Zarmabàha," sussurrò Singàm.

"L'infedeltà e il male," mormorò Qumqàm.

Sakhrabùt rise con sarcasmo e commentò:

"Noi ci godiamo la vita senza paura".

"Non c'è felicità per coloro i cui cuori sono privi di Allah," gridò Qumqàm.

"Davvero?" chiese Zarmabàha ironica.

Iniziò a fare l'amore con il suo compagno e dai suoi abbracci sprizzavano scintille. Qumqàm e Singàm scomparvero e Sakhrabùt e Zarmabàha lanciarono un grido di trionfo.

"Mi sei stata lontano per un secolo," disse il genio maschio.

"Mi sono trastullata in un tempio indiano. E tu dove sei stato?"

"Ho fatto un viaggio in montagna."

"Quando sono tornata," lo stuzzicò Zarmabàha, "ho visto una giovane attraente la cui bellezza mi ha affascinata e a dire la verità..."

"Anch'io ho visto un bel giovane nel quartiere dei profumi la cui bellezza non ha pari tra gli umani."

"Un'occhiata alla mia giovane cancellerà il ricordo del tuo ragazzo."

"È una esagerazione ingiustificata."

"Vieni a vedere con i tuoi occhi."

"Nel palazzo del sultano."

In un batter d'occhio giunsero, trasportati dalle ali della magnificenza, al palazzo del sultano. Lì videro una giovane di straordinaria bellezza che si stava sfilando la veste ricamata con fili dorati per indossare una camicia da notte in seta di Damasco.

"È Dunyazàd, la sorella di Shahrazàd la moglie del sultano," disse Zarmabàha.

"Il suo splendore supera la vita stessa. Nessun fragile essere umano possiede una tale bellezza."

"Hai ragione, poiché risplende solo qualche giorno poi il tempo la deteriora."

"Per questo motivo provi un malvagio piacere osservandoli."

"Possiedono l'intelligenza ma vivono da stupidi."

"Costei sembra immortale!"

"Ora forse ti sei convinto che è più bella del tuo ragazzo."

"Non so," disse Sakhrabùt dopo una breve esitazione, "vieni a vedere con i tuoi occhi."

In pochi istanti giunsero alla bottega del giovane, anch'egli di mirabile fascino. Stava chiudendola spegnendo le lampade e si stava accingendo ad andarsene.

"È Nur al-Din il venditore di profumi," esclamò Sakhrabùt.

"Anche la sua bellezza è straordinaria. Da dove proviene?"

"È un commerciante come vedi. Che importa la sua origine?"

"Tra tutti i ragazzi è quello che più si addice alla mia giovane e quest'ultima è quella che più gli si addice."

"Abitano nella stessa città, ma sono separati l'uno dall'altra come il cielo dalla terra."

"Ironia della sorte. E poi ci accusano di commettere sciocchezze!"

"Com'è che i fidanzati non fanno a gara per conquistarla?"

"Piano! Sono molti che la desiderano, tra cui Yusuf al-Tàhir il governatore del quartiere e Karam al-Asìl il milionario. Ma chi può essere degno della sorella della sposa del sultano?"

"Zarmabàha, questo universo trabocca di stoltezza."

"Mi è venuta un'idea!" esclamò felice Zarmabàha.

"Quale?"

"Un'idea degna di Satana."

"Mi hai incuriosito."

"Un sotterfugio per farli incontrare."

2.

I neri occhi di Dunyazàd erano abbagliati. Era una festa di matrimonio nel palazzo del sultano, una meraviglia di lusso e splendore. Il palazzo vibrava alla luce delle torce e delle candele, rifletteva il luccichio dei gioielli degli invitati, mentre le melodie dei cantori echeggiavano. Shahriyàr stesso benedisse la coppia e regalò alla sposa il gioiello della prima notte di nozze.

"Che la tua notte sia benedetta, Dunyazàd," le augurò.

Al termine della serata Dunyazàd giaceva nel talamo, vestita con un abito ricamato con oro, corallo e smeraldi. Si erano accomiatate da lei la madre, la sorella Shahrazàd ed ella attendeva da sola, impaziente, distratta e ansiosa. La porta si aprì ed entrò Nur al-Din con una tunica di Damasco, un turbante iracheno e calzature marocchine. Si diresse verso di lei come verso la luna piena e sollevò il velo che le copriva il volto. S'inginocchiò e strinse al petto le gambe della donna.

"È la notte della vita, amata mia!" sospirò.

Iniziò a spogliarla indumento dopo indumento nel silenzio di un giaciglio pieno di melodie occulte.

3.

Dunyazàd aprì gli occhi. La tenda lasciava filtrare la luce. Sprofondò nel ricordo di una sorgente benedetta cui si era dissetata. Le sue labbra erano umide di baci, le orecchie ebbre di dolci parole, la sua mente traboccante di ardenti sospiri. Gli abbracci non avevano abbandonato il suo corpo né tantomeno la tenerezza. Ed era già giorno, ma...? Improvvisamente i venti taglienti della consapevolezza la sfiorarono. Dov'era lo sposo? Come si chiamava? Quando erano stati espletati i preamboli del matrimonio? Signore! Non era stata promessa a nessuno e a palazzo non si era svolta nessuna festa di matrimonio. Era terrorizzata dal sogno come se la stessero conducendo al tappeto dell'esecuzione. Era stato proprio un sogno? Però i sogni svaniscono, non si rafforzano e non prendono corpo a tal punto da poter essere toccati e odorati. Continuava a vedere l'immagine dello sposo e a sentire il suo tocco e la sua tenerezza. La stanza era ancora pervasa dal profumo del suo respiro. Si alzò e scoprì di essere nuda e di avere perso la verginità. Venne pervasa da un terribile tremore e urlò disperata:

"È una follia!".

Si guardò intorno stupefatta e gridò ancora una volta:

"È la rovina!".

E la follia la inseguì come una fiera insegue la preda.

4.

Al risveglio Nur al-Din era adirato, infuriato alla vista della semplice camera da letto al piano superiore della propria bottega nel quartiere dei profumieri. Era stato un sogno? Era comunque stato un sogno meraviglioso con tutta la forza e il peso della realtà. Ecco la sposa in tutta la sua bellezza, una realtà che non si poteva né dimenticare né cancellare dal cuore. Come e quando si era tolto gli abiti? Continuava a sentire aleggiare la squisita fragranza che non aveva pari tra i profumi. Vedeva ancora la sontuosa stanza con le meravigliose tende, i divani e il letto.

"Che senso ha tirare un brutto scherzo a un credente sincero come me?"

Non era solo la verità a torturarlo, ma anche le pene d'amore.

5.

Zarmabàha scoppiò in una fragorosa risata e domandò a Sakhrabùt:

"Che ne pensi di questo amore impossibile?".

"In verità è stato un incredibile dispetto."

"Mai gli uomini avevano conosciuto qualcosa di simile."

"Non saprei," obiettò Sakhrabùt, "sono sempre disposti a creare illusioni."

"Come?"

"Quanti di loro si illudono di essere intelligenti, di essere poeti oppure di essere coraggiosi!"

"Che stolti!" esclamò il genio femmina continuando a ridere.

"Mi stupisco di come abbiano potuto rivolgere a noi i loro favori."

6.

Dunyazàd si rese conto che il suo segreto era troppo oneroso per sopportarlo da sola. Si precipitò negli appartamenti di Shahrazàd non appena Shahriyàr si recò al palazzo di giustizia. Quando Shahrazàd la vide, le domandò preoccupata:

"Che ti succede, sorella mia?".

Si sedette su un cuscino ai piedi della sultana, rivolgendole uno sguardo implorante, poi scoppiò in lacrime.

"Almeno si trattasse di una malattia o della morte!"

"Che Allah ti protegga. Quando ci siamo lasciate ieri sera stavi bene."

"Dopo è avvenuto quel che non accade nel mondo degli esseri raziocinanti."

"Raccontami tutto, non sono tranquilla."

Si guardò intorno e iniziò a narrarle la storia cominciata con un matrimonio immaginario e conclusasi con sangue autentico. Shahrazàd, incredula e scettica alle sue parole, le disse incoraggiandola:

"Non nascondere nulla a tua sorella".

"Ti giuro per il Signore dell'universo che dal mio racconto non ho omesso né aggiunto una sola lettera."

"È stato un servitore che vive a palazzo?" domandò Shahrazàd.

"No, no. Mai i miei occhi si erano posati su di lui."

"Quale persona dotata di ragione crederà alla tua storia?"

"Questo è quel che mi dico anch'io. È una storia simile ai tuoi racconti fantastici."

"I miei racconti sono ispirati da un altro mondo, Dunyazàd."

"Sono stata fatta prigioniera dalla verità del tuo mondo misterioso, ma non voglio esserne vittima," disse sospirando profondamente.

"Prima o poi verrò a sapere la verità, ma temo che, prima di quel momento, ci colga la disgrazia," commentò Shahrazàd addolorata.

"Questa prospettiva mi uccide di paura e mi tormenta."

"Se il sultano venisse a conoscenza della tua storia, si risveglierebbero in lui i dubbi, e con essi la pessima opinione che aveva sul nostro sesso. Forse mi farebbe giustiziare e ritornerebbe al suo comportamento di un tempo."

"Che Allah non consenta che accada alcunché di male a seguito della mia narrazione," esclamò Dunyazàd.

Shahrazàd rifletté un attimo poi disse:

"Custodiamo segreta la tua storia. Che non la vengano a sapere né il sultano né mio padre. Chiederò a mia madre un consiglio sul da farsi. Comunque è bene che tu torni a casa nostra con la scusa che senti nostalgia della famiglia".

"Che infelice destino il mio!" mormorò Dunyazàd.

7.

Nur al-Din chiamò la madre, Kalìla al-Dumur, e l'anziana donna andò da lui muovendo le labbra recitando silenziosamente il Corano. Il suo volto magro recava ancora le tracce di un'antica bellezza. La fece accomodare al suo fianco su un canapè del Khorasàn e le domandò:

"Ci ha forse recato visita qualche straniero mentre stavo dormendo?".

"Nessuno ha bussato alla porta," rispose stupita.

"Hai forse udito voci provenire dalla mia stanza?"

"Niente affatto. Io dormo, ma i miei sensi sono desti, il rumore più lieve mi sveglia. Perché mai mi fai una domanda così strana?"

"Forse è stato un sogno," disse dopo un attimo di esitazione, "ma non era come gli altri sogni."

"Che cosa hai visto, figlio mio?"

"Mi sono visto innanzi a una bellissima giovane."

"È un invito al matrimonio," confermò la donna sorridendo.

"Era una realtà che si poteva toccare e odorare," ribatté convinto, "non ho dubbi, ma al contempo non posso credervi."

"Non preoccuparti, ti sposerai," lo tranquillizzò Kalìla.

"Hai mai udito dire che la realtà si dissolve in un sogno?"

"Il Signore è onnipotente. Dimenticherai tutto nell'arco di un'ora."

"Sì," rispose sospirando.

Sapeva di mentire, che non avrebbe dimenticato; il suo cuore palpitava per un amore vero e la sua amata era una creatura in carne e ossa, una creatura impossibile da dimenticare, che aveva lasciato nella sua vita un'impronta indelebile.

8.

Nur al-Din aprì la bottega e guardò la gente in modo nuovo. Nel corso della sua vita si era sempre distinto come un giovanotto di rara bellezza e di prontezza di spirito, simile a una mattina di primavera. Quel giorno era stranamente distratto e confuso. Tutti coloro che gioivano al vederlo si domandarono che cosa lo avesse alterato. Egli trascorse il tempo interrogandosi sul sogno meraviglioso che per consistenza, intensità e perdurare nel tempo superava la realtà. Era giunto a vent'anni senza sposarsi a causa del suo antico desiderio di unirsi in matrimonio con Husniyya, sorella del suo amico Fàdil San'an. Aveva esitato, inizialmente, per via dell'esiguità dei propri guadagni a confronto dell'enorme ricchezza del padre di lei; in seguito per via dell'opposizione di sua madre al matrimonio con la figlia di un uomo la cui vita era stata infamata da un genio.

"Allontanati dal male," gli disse l'anziana madre, "poiché non conosciamo nulla di questi segreti."

Aveva mantenuto l'amicizia con Fàdil, pur avendo dimenticato Husniyya. Ma dov'era adesso Husniyya? Dov'era il mondo e tutto quel che conteneva? Nulla esisteva eccetto quell'immagine dallo splendore accecante, quell'appartamento lussuoso e quel talamo più grande dell'intera sua stanza da letto. Aveva ammirato una visione reale, aveva provato un amore vero e ora amava in un modo che avrebbe sminuito qualsiasi amore reale. Eccolo a patire in solitudine, la vita gli sembrava squallida, desolata e infinitamente triste distante dall'amata. La sua fragranza impregnava il suo olfatto e i suoi sussurri si ripetevano a ogni sospiro. Ricordò la giovinezza trascorsa sotto l'egida dello shaykh al-Balkhi che gli aveva insegnato a leggere, a scrivere e i fondamenti della religione. Una volta imparato l'indispensabile, si era congedato dallo shaykh che gli aveva detto:

"Sei sommamente degno dell'amore di Allah!".

Aveva compreso che si trattava di un invito a rimanere, ma aveva risposto:

"Mio padre è malato e io devo prendere il suo posto in bottega".

"Non accetto la compagnia di persone sfaccendate," aveva sottolineato lo shaykh.

"Mi bastano la devozione e il timore di Allah," si era giustificato.

Non aveva smesso di pensare a ciò, né si era allontanato dalla retta via. Ecco, ora ricordava le esatte parole dello shaykh: "Sei sommamente degno dell'amore di Allah!". Doveva forse recare visita allo shaykh per chiedergli consiglio? Aveva paura di confidargli il segreto che abitava il suo cuore. Seguì con lo sguardo un gruppo di donne che portavano il velo. Forse la sua amata era una di loro? Ella si trovava in ogni luogo, non c'era dubbio. Ella si trovava in qualsiasi luogo e in questa epoca e non in un'altra. "Forse i nostri desideri," pensava, "vagano nella follia quando si struggono per incontrare l'amata. Forse chi ha compiuto il miracolo del sogno riuscirà, grazie a un altro miracolo, a interpretarlo e ad avverarlo. Non è possibile che un sogno svanisca come se non fosse mai esistito. Non è possibile che si accendano passioni così forti senza motivo né fine. L'amante deve raggiungere il fine, con la ragione o con la follia. Quanto è smarrita la persona che cerca senza l'ausilio di una guida!"

9.

Il visir Dandàn era felice del ritorno di Dunyazàd alla sua immensa dimora. La madre invece divideva con Dunyazàd quel doloroso segreto.

"Hai fatto un passo falso, Dunyazàd," disse triste e adirata alla figlia.

"Mi sono solo arresa alla volontà del Signore del creato," rispose Dunyazàd scoppiando a piangere.

"Le conseguenze non saranno buone."

"Mi sono solo arresa alla volontà del Signore del creato," ripeté con sottomissione.

Quando non fu più possibile nascondere la sua condizione, la donna ebbe il coraggio di far abortire la figlia, chiedendo perdono ad Allah.

"Abbiamo ritardato il tormento, ma che faremo quando si farà avanti un pretendente?" domandò la madre preoccupata.

"Non voglio sposarmi," gridò Dunyazàd.

"Che cosa diremo a tuo padre quando troverà una persona adeguata?"

"Mi sono solo arresa alla volontà del Signore del creato."

Una volta rimasta sola, dimenticò i pericoli che l'angosciavano per ricordare solo il suo amato assente. Non le importava di morire, non si preoccupava della disgrazia e, eccitata ma inquieta, si chiedeva: "Dove sei, amore mio? Come sei giunto a me? Qual è il tuo segreto? Che cosa ti allontana da me? Non ti ha catturato la mia bellezza come mi ha catturato la tua? Non ti brucia il fuoco che arde nella mia anima? Non provi compassione per il mio tormento? Non ti mancano il mio amore e la mia passione?".

10.

Un ostacolo sbarrò la strada agli avvenimenti e turbò i cuori. L'araldo era passato, cavalcando la sua mula, convocando i sudditi del sultano per informarli che il re di Bisanzio aveva sferrato un attacco contro uno dei posti di frontiera e che l'esercito si stava preparando alla guerra contro l'infedele e a un'incursione. La tensione si diffuse; le moschee erano gremite di fedeli che pregavano affinché il sultano Shahriyàr ottenesse la vittoria. Di notte, la popolazione si ritrovò al Caffè dei Principi che si riempì di avventori, sia della classe elevata che di quella povera. Su di un'unica panca erano raccolti Hasan al-Attàr, il figlio di Ibrahim al-Attàr, Fàdil Sanʿan e Nur al-Din. La gente conversava solo di guerra. Il dottor Abd al-Qàdir al-Mahini disse:

"Non avete mai assistito all'attacco di un nemico. È una tempesta che distrugge le città e i loro abitanti".

"L'esercito di Allah è invincibile," affermò Galìl al-Bazzàz.

"Allah ha la Sua saggezza," ribatté Maʿrùf il ciabattino.

"La nave di Sinbàd sarà catturata," esclamò Ragab il facchino.

“Pensi solo per te stesso e per i tuoi amici,” rispose Aladino, figlio di Ugr il barbiere.

“Ho fatto un sogno incredibile,” riferì Ugr.

Nessuno gli pose domande sul sogno perché non lo credettero e conoscevano quanto fosse sempre ansioso di intromettersi nelle questioni altrui.

Nur al-Din si mise a tremare all’udire la parola sogno e disse ai suoi amici Hasan e Fàdil:

“Non c’è nulla di più meraviglioso di un sogno nella vita degli uomini”.

Udì una voce che commentava:

“Hai ragione, figlio mio”.

Si rivolse alla panca vicina e vide Sahlùl, il commerciante di mobili e oggetti d’arte, che lo guardava sorridendo.

“Voi siete saggio e avete esperienza, mio signore.”

“Chi possiede sogni, possiede il futuro,” commentò Sahlùl.

Si rivolse alla conversazione con tutto il cuore, ma Fàdil ricordando quel che il suo scomparso amico Abd Allah il facchino gli aveva detto a proposito di Sahlùl, gli diede un colpetto e gli sussurrò all’orecchio:

“Lascialo perdere”.

“Ma è un uomo con molta esperienza!”

“È misterioso come un sogno,” mormorò Fàdil Sanʿan.

Si sentì il dottor Abd al-Qàdir al-Mahini dire:

“A mio parere l’esercito del sultano vincerà, ma la civetta striderà in cima al Tesoro pubblico”.

11.

Nur al-Din sospirò tristemente chiedendosi quando avrebbe avuto fine il suo struggimento. Aveva lo sguardo assente e il cuore oppresso. Vagava per le vie, talvolta di giorno, talvolta di notte, soprattutto nelle zone frequentate dalle donne e da queste preferite. Più di una volta passò davanti alla casa del visir Dandàn nel momento in cui Dunyazàd si trovava dietro le persiane e guardava fuori, ma egli non la vide come ella non lo vide. La singolare esperienza sembrava uno di quegli avvenimenti straordinari che allontanano la speranza oppure, a volte, sembrava una realtà che gli sarebbe stata svelata solo nel momento stabilito dalla misericordia di Allah. Una notte, quasi all’alba, vide nella semioscurità una persona avvicinarsi. Quando questa venne illuminata da una lampada appesa sopra la porta di un'abitazione, poté distinguere lo sgradevole volto di Karam al-Asìl, il milionario; che cosa lo faceva uscire dalla sua magnifica casa a quell'ora della notte? Se soffriva d'insonnia, che stava cercando? Chissà se era caduto prigioniero di un sogno come il suo? Chissà se la sua ricchezza l'avrebbe aiutato a scoprire chi lo teneva prigioniero? Venne colto dall'angoscia senza alcuna ragione apparente.

12.

A Karam al-Asìl piaceva camminare di notte per le strade deserte. Quei posti gli erano familiari, non c'era edificio, casa o locanda di cui non fosse proprietario. Nella sua immensa abitazione aveva una moglie e decine di schiave, tuttavia non ne possedeva i cuori come possedeva gli uomini e le cose. Poteva mutare i destini, ma non riusciva a cambiare la propria immagine e la propria forma. Per questo motivo il mondo spesso gli sembrava triste come il suo volto. Gli affari lo obbligavano a frequentare la gente, benché egli amasse la solitudine e la notte. Non gradiva i canti e lo annoiavano le conversazioni notturne, adorava la ricchezza e venerava la forza. Non aveva mai avuto il piacere di mangiare alla mensa del sultano. Versava la decima, ma non faceva l'elemosina. Curava la propria barba di cui andava fiero, era la cosa più bella che possedeva, unitamente alla ricchezza. Aveva venti figlie, ma non gli era stato concesso nemmeno un figlio maschio. Era milionario, l'uomo più ricco del quartiere, anzi della città.

Anche Karam era innamorato. Forse era stato questo motivo a spingere Nur al-Din a seguirlo con il cuore incerto e agitato.

13.

La passione s'impadronì di Karam quando venne sollevato il velo che copriva il volto di Dunyazàd; ella si trovava sulla portantina in occasione della festa dell'*ashurà*. Il suo cuore, immerso nei problemi di lavoro, prese a vibrare come un lampo brilla tra le nubi oscure. Si chinò verso Bayùmi al-Armal, il capo della polizia, prigioniero della sua generosità.

"Chi è quella schiava?"
"Dunyazàd," rispose sorridendo, "la sorella della sultana."
Si rattristò al pensiero di non poterla acquistare.
Trascorreva la notte in compagnia di pensieri poco allietanti. Quando incontrava Nur al-Din fingeva di non vederlo, poiché ne invidiava la bellezza e, furente, si rifiutava di incontrare anche altre persone. Passando innanzi all'abitazione di Sahlùl, il commerciante di mobili e oggetti d'arte, pensò: "Quest'uomo diventerà il mio rivale quanto a ricchezza". Riteneva che appartenesse a quella rara minoranza che costringeva gli altri al rispetto e per questo lo odiava più di ogni altro. Mentre si dirigeva verso casa, disse tra sé e sé: "Karam al-Asìl o Abd Allah al-Balkhi, chi di noi leggerà l'ignoto? La mia ricchezza dovrebbe concedermi più felicità di quella che possiedo".

14.

"Signore, Humàn al-Fiqi, il segretario particolare, l'attende nella sala di ricevimento," gli disse il custode.
Che cosa poteva volere a quell'ora tarda? Immediatamente si diresse verso di lui, si abbracciarono. Il segretario particolare gli disse:
"Il mio signore Yusuf al-Tàhir, il governatore del quartiere, ti attende ora nella sua abitazione".
"Che cosa c'è di tanto urgente?"
"So soltanto che si tratta di una questione importante."
Si incamminarono affrettando il passo. Quando si trovò solo in compagnia di Yusuf al-Tàhir, quest'ultimo gli disse in tono scherzoso:
"Grazie agli uomini di buona volontà...".
Karam al-Asìl lo guardò con interesse mentre l'altro continuò:
"Il nostro esercito ha vinto. Tu sei il primo a cui viene comunicata la lieta novella".
"È un favore concesso dal Signore del creato," sussurrò confuso.
Il governatore lo fissò a lungo, poi aggiunse:
"Il Tesoro pubblico ha un compito superiore alle sue possibilità".
Karam, rattristato, comprese tutto.
"Il sultano ha bisogno di un prestito," proseguì Yusuf al-

Tàhir, "che sarà restituito dopo l'esazione dell'imposta fondiaria."

"Che c'entro io con tutto ciò?" domandò Karam con ironia.

Yusuf al-Tàhir scoppiò a ridere e disse:

"Il sultano ti ha prescelto per concederti questo onore".

"Quanto?" domandò senza entusiasmo.

"Cinque milioni di dinari."

Non c'era via d'uscita. Non c'era possibilità di scelta. Tuttavia, nella sua mente esperta in affari, balenò un'idea.

"È un'occasione per avvicinarsi al sultano e ottenere il premio della sua misericordia."

"Molto bene."

"C'è però una richiesta che non so come presentare."

Yusuf al-Tàhir non profferì parola e sorrise.

"La mano di Dunyazàd," continuò Karam al-Asìl, "è la mia ultima speranza di raggiungere una così nobile parentela."

Yusuf al-Tàhir rimase stupito, anche se non lo diede a vedere. Ricordò quanto egli stesso desiderasse Dunyazàd. Provò un forte rancore nei confronti di Karam, tuttavia disse con calma:

"Esporrò la tua richiesta, come desideri".

15.

"È accaduto quel che temevamo!" ripeteva la madre in grande agitazione. Dunyazàd in ogni caso lo aveva previsto.

"C'è un pretendente," esclamò la madre, "ha ottenuto il benestare del sultano e il consenso di tuo padre."

Chi sarebbe stato? Il destino stava forse per compiere un nuovo miracolo e avrebbe posto rimedio all'altro? I suoi occhi ponevano interrogativi senza pronunciare una sola parola.

"È Karam al-Asìl, il milionario," rispose la madre.

Dunyazàd s'accigliò e la disperazione fece avvampare le sue gote.

"Lo scandalo bussa alla porta come un tuono," disse la madre.

"Sono innocente e Allah mi è testimone," rispose Dunyazàd scoppiando a piangere.

"Nessuno crederà alla tua storia."

"Allah mi è sufficiente."

"Presso di Lui risiedono il perdono e la remissione."
"Non ho forse il diritto di accettare o rifiutare?"
"È esplicito desiderio del sultano," la rimproverò la madre.
"Se solo potessi fuggire da questo mondo," sospirò Dunyazàd.
"Sarebbe uno scandalo ancora maggiore e tua sorella non potrebbe evitarne le conseguenze."
Dunyazàd fu soffocata dalle lacrime, sinché sua madre le disse:
"I problemi non si risolvono piangendo".
"Ma io possiedo solo il pianto," gridò Dunyazàd.

16.

Sakhrabùt, ridendo festoso, disse a Zarmabàha:
"Il gioco si sta complicando troppo e può avere conseguenze eccitanti".
"È un raro passatempo," commentò Zarmabàha condividendo la gioia dell'altro.
"Chissà se la bella si suiciderà o verrà uccisa?"
"La cosa migliore sarebbe che venisse uccisa e che suo padre si suicidasse."
"C'è ancora spazio per gli scherzi?"
"No, lasciamo che gli eventi seguano il loro corso finché non sarà necessario il nostro intervento."
"La verità è che ho paura."
"Di che hai paura, amore mio?" lo interruppe il genio femmina.
"Temo che il bene si insinui dove meno ce lo aspettiamo."
"Non essere pessimista!"
Sakhrabùt rise senza profferire una sola parola.

17.

La notizia della promessa di matrimonio di Karam al-Asìl a Dunyazàd si diffuse per il quartiere, trascinando dietro a sé tripudio, curiosità e osservazioni ironiche. I poveri sognavano una generosa pioggia di elargizioni da parte di un uomo che non conosceva la carità. I notabili gioirono di questo legame tra il sultano e il loro quartiere. Circolarono voci che annunciavano l'unione tra una scimmia e un angelo. Dunyazàd, in solitudine, si lamentava rivolgendosi all'ignoto: "Dove sei, amore mio? Quando verrai a salvarmi dalla rovina?".

Nur al-Din continuava a vagare per le strade. La notizia del matrimonio aveva provocato la sua tristezza e anch'egli si rivolse all'ignoto: "Dove sei, amore mio?". Qumqàm e Singàm seguirono i due monologhi con una profonda tristezza.

"Guarda che cosa fanno il tempo e il luogo," disse Singàm al compagno.

"I lamenti umani sfociano da sempre nel fiume dei dolori tra le stelle," rispose Qumqàm.

Il maestro Sahlùl passò correndo sotto l'albero e Qumqàm disse a voce alta:

"Sta andando a svolgere un'azione importante".

"Talvolta ricevo ordini incomprensibili," rispose Sahlùl confuso e proseguì per la propria strada.

18.

Sahlùl giunse sino al muro di cinta del manicomio e si fermò nell'oscurità.

"Se non esistesse la fede mi chiederei il significato di tutto ciò," sussurrò.

Si concentrò sullo spazio che regnava tra lui e la cella di Gamasa al-Bulti e scavò una galleria che nessun essere umano sarebbe riuscito a fare in meno di un anno. Nell'arco di pochi secondi si trovò al buio, in piedi sopra la testa di Gamasa al-Bulti, ascoltandone il russare regolare. Lo scosse leggermente.

"Chi è?" domandò Gamasa svegliandosi.

"Non importa chi sono. È giunto per te il sollievo. Dammi la mano affinché io ti possa condurre alla libertà."

Gamasa non gli si affidò sino al momento in cui non venne pervaso da una fresca brezza primaverile.

"Sia lodato Allah!" sussurrò. "Chi sei, straniero? Chi ti ha inviato?"

"Provengo dalla tua antica e isolata dimora in riva al fiume," disse Sahlùl spingendolo.

19.

Quando lo straniero se ne andò, Gamasa al-Bulti pensò: "Questo non è un lavoro da umani, ricordatelo Gamasa, ricordatelo e rifletti".

Aveva vissuto tra i folli sino a familiarizzare con la follia. Si era reso conto che si trattava di un segreto e al contempo di un'eccitante rivelazione. Desiderava immergersi nelle sue profondità e affrontarne la sfida.

Rinvigorito dalla brezza, il suo cuore volò da Akramàn, Rasmiyya e Husniyya. Desiderava visitare il quartiere e unirsi con l'amata. Ma chi era? Gli avevano tagliato i capelli, la barba e lo avevano flagellato due volte. In quel momento non esistevano più né Gamasa né Abd Allah. In quel momento era privo di identità e di nome. Grande era la sua afflizione e anelava alla pietà. Si diresse alla palma presso la lingua di terra vicino al fiume. Pensò al suo amico dei sogni, Abd Allah del mare, e disse tra sé e sé: "Un essere senza identità il cui obiettivo è al di sopra dell'universo, che però pensa e ricorda. L'aiuto non è tuttavia giunto senza motivo".

20.

Dunyazàd fu condotta a palazzo affinché venisse celebrato il matrimonio sotto l'egida del sultano, in conformità al sublime desiderio. Aliti di terrore agitavano il cuore della sposa e quello di sua sorella, la narratrice di storie. Shahrazàd consigliò alla sorella di annunciare di essere malata e pregare il sultano di posticipare il matrimonio sino a guarigione avvenuta. Il dottor Abd al-Qàdir al-Mahini venne convocato e riconobbe l'infermità che l'affliggeva. Immediatamente fu pervaso dai dubbi. Era intelligente e astuto, la sua conoscenza della mente non era inferiore alla sua conoscenza del corpo umano. Comprese che la sposa provava avversione per la scimmia, ma occultò con delicatezza, assecondando il desiderio della sposa, il segreto nel sacro pozzo della sua professione e assicurò che la malattia si sarebbe protratta a lungo. Karam al-Asìl fu infastidito dalla decisione e il dubbio lo assalì. Implorò il sultano affinché gli concedesse di stipulare un contratto di matrimonio, anche se lo sposalizio sarebbe stato posticipato sino alla guarigione di Dunyazàd. Il sultano accettò e il gran cadì venne a formalizzare il contratto. Dunyazàd divenne quindi la sposa legale di Karam al-Asìl, il milionario. Alcuni attendevano con ansia fastosi festeggiamenti, mentre altri prevedevano l'abbattersi di una catastrofe.

21.

Una sera i passi incerti di Nur al-Din lo condussero al fiume, dove si sedette in tutta solitudine sulla lingua di terra accarezzata da una piacevole brezza primaverile, riscaldata dalle voci degli amanti. Udì un sussurro, certamente una persona che pregava. Si diresse verso la voce, alla ricerca di tranquillità e consolazione. Trovò un anziano seduto sotto la palma. Non voleva interromperlo, si sedette quindi ad ascoltarlo. Una volta terminato, l'uomo chiese:

"Chi sei? Come mai sei qui?".

"Sono un uomo tormentato," rispose Nur al-Din, "e tu? Sei di queste parti?"

"I luoghi non interessano a colui che ha deciso di fare del culto il proprio piacere, ma qual è il segreto del tuo tormento?"

"È una strana storia."

Provò un forte desiderio di confessargli tutto e gli narrò minuziosamente il sogno e la conseguente follia.

"Mi credi?" domandò.

"I folli non mentono."

"Sai fornire una spiegazione a questo segreto?"

"Dietro di te c'è un angelo oppure un demone, ma tutto ciò è vero."

"Come potrò liberarmi dalla passione?"

"Noi sottostiamo a numerose passioni che infine ci conducono alla sofferenza al di là della quale non c'è null'altro. L'amore di Allah rende superflua ogni cosa," rispose tranquillo l'anziano.

Dopo un breve silenzio Nur al-Din riprese:

"Sono credente e sincero nel culto, ma continuo a struggermi per le creature di Allah".

"Allora non smettere di cercare."

"Ormai sono stanco e soffro d'insonnia."

"Chi ama non si stanca."

"Mi sembri una persona con esperienza," sottolineò Nur al-Din.

"Conosco un uomo che è stato privato non solo dell'amore, ma anche dell'esistenza stessa!"

"Con la morte?"

"No, quando era in vita."

"Hai qualche dubbio sulla mia salute mentale?"

"È pura follia."

"Ma anche raziocinio."

Dopo un attimo di esitazione Nur al-Din aggiunse:

"Sei un mistero sempre più fitto".

"Allora perché mi hai raccontato il tuo sogno?" domandò sorridendo l'uomo.

22.

Nur al-Din ritornò in città tuffandosi nell'oceano dell'oscurità. Il credente non aveva appagato il suo desiderio. Gli aveva consigliato di cercare, ma non gli aveva assicurato la riuscita né aveva predetto la disperazione. Era chiaro che era un asceta. Nur al-Din non era stato creato per l'ascetismo sulla terra, bensì era stato creato per l'amore divino sulla terra. Per questa ragione si era separato dallo shaykh Abd Allah al-Balkhi. In quel preciso istante non era convinto che la sua amata esistesse in qualche luogo e che recasse l'impronta del suo amore. Di notte la soave brezza primaverile conversava con lui, come pure le stelle sparse tra le cupole e i minareti. Nella propria solitudine urlò:

"Allevia il mio tormento, Tu che sei gentile con i credenti!".

"Chi si lamenta a quest'ora della notte?" domandò una voce profonda.

Osservò il profilo di due uomini che gli sbarravano la strada e chiese:

"Siete della polizia?".

"Siamo due commercianti stranieri e trascorriamo la lunga notte camminando per il vostro antico quartiere."

"Salve, benvenuti."

"Di che ti lamenti, giovane?"

"La gente deve aiutarsi vicendevolmente," disse l'altro mercante, "le lagnanze non cadono nel nulla tra persone rispettabili."

Commosso dalla nobiltà dello straniero, Nur al-Din disse:

"Gradirei invitarvi a casa mia. È qui vicino".

Vennero accolti in una elegante stanza. Nur al-Din offrì loro una *zalabiyya* e due tazze di *karkadé*. Si informarono circa il motivo della sua afflizione, mentre egli chiese da dove provenissero. Risposero di venire da Samarcanda. Domandarono ancora quale fosse il motivo della sua afflizione.

"La persona confusa rivela il proprio segreto allo straniero."

"E trova in lui qualcosa di inimmaginabile," rispose quello dalla voce più profonda.

"Lasciamo che il cielo ci inondi con una pioggia insperata," sospirò Nur al-Din e iniziò a narrare la storia del suo meraviglioso sogno; quando concluse il racconto li guardò intimidito. Quindi l'uomo con la voce profonda disse:

"Ci siamo presentati con il cuore come fanno le persone rispettabili, ma ora dobbiamo presentarci con il nome: io sono Izz al-Din di Samarcanda, mentre il mio compagno è Khayr al-Din al-Unsi".

"Nur al-Din, il venditore di profumi."

"È un commercio bello come il tuo volto."

"Allah mi guardi! Allah pone la Sua bellezza solo dove desidera porre il Suo compiacimento. Credete a quel che ho narrato?"

"Certo, giovane," rispose Izz al-Din, "ho viaggiato per molti paesi e ho udito storie dei nostri antenati che superano la credibilità umana. Per questo non dubito della sincerità del tuo sogno."

Nur al-Din si rincuorò e chiese:

"Riuscirò mai a raggiungere la mia amata?".

"Non c'è dubbio."

"Come? Quando?"

"Con pazienza e impegno riuscirai a raggiungerla."

"Hai bisogno di denaro?" domandò Khayr al-Din al-Unsi.

"No, chiedo solo ad Allah di raggiungere la mia amata."

"Godi del futuro sollievo divino," concluse Izz al-Din.

23.

Shahrazàd non aveva mai visto il sultano tanto eccitato. Si trovavano sul balcone che si affacciava sul giardino. Conclusa la preghiera del mattino, il sultano fece colazione, consumando del latte e una mela. Di lì a poco avrebbe indossato la veste ufficiale per recarsi alla sala del Consiglio, ma in quel momento assomigliava a un bambino felice per una nuova scoperta.

“La notte passata ho udito, mentre vagavo per le strade, una storia molto simile alle tue, Shahrazàd!” disse il sultano.

“La ripetizione delle storie è un segno della loro verità, mio signore,” rispose Shahrazàd sorridendo, nonostante la sua intima angoscia.

“Sì, sì. I segreti dell’esistenza sono meravigliosi, più squisiti del vino.”

“Che Allah vi conceda di poter godere dell’esistenza e dei suoi segreti, mio signore.”

“La verità è che io sono in costante movimento, il mio cuore non si ferma mai e non ha mai pace. Mi sostengono il chiarore del giorno e l’oscurità della notte,” ammise dopo un attimo di esitazione.

“Così l’uomo è vivo,” lo rincuorò Shahrazàd, celando l’infelicità della propria anima.

“Piano. Ora tocca a me narrarti una strana storia.”

Le narrò il sogno di Nur al-Din, il venditore di essenze profumate. Osservò l’espressione del suo volto ed esclamò attonito:

“Quanto ti ha impressionato, Shahrazàd!”.

“Questa mattina sono leggermente indisposta,” rispose quasi scusandosi.

“Sarà effetto dell’umidità. Tra poco scomparirà. Il dottore verrà a visitarti. Io invece desidero diventare il narratore della storia, affinché gli amanti si possano riunire.”

“Meglio agire con cautela, così da non esporre esseri innocenti alle malelingue,” commentò Shahrazàd agitata.

Il sultano rifletté brevemente, poi chiese:

“Non sono forse in grado di proteggerli?”.

Shahrazàd ricordava che quest’uomo si era sempre preoccupato di mozzare teste e che Satana esercitava su di lui un potere da non sottovalutare; sapeva di non possederlo del tutto.

24.

Shahrazàd rivolgendosi alla madre che, con la scusa di badare alla malata Dunyazàd, abitava a palazzo, disse:

“È accaduto un imprevisto che richiede più prudenza da parte nostra”.

"Il mio cuore non è pronto ad affrontare nuovi avvenimenti," sospirò la madre.

"Madre mia, l'uomo del sogno è diventato realtà."

La donna spalancò la bocca, attonita, quindi sussurrò:

"Non parlarmi di sogni!".

"Non è altri che Nur al-Din, il venditore di profumi."

E le narrò per filo e per segno l'avventura del sultano. Quindi la madre disse, sconcertata:

"Per uno come lui non è possibile nemmeno trascorrere la notte nel palazzo del sultano".

"Se la tua apprensione è vera, Dunyazàd deve fuggire con lui."

"A che servirebbe? Tua sorella è la moglie ufficiale di Karam al-Asìl. La catastrofe si avvicina ora dopo ora."

"I narratori diffonderanno la storia e ben presto si scoprirà la verità."

"Il pericolo ci prenderà alla sprovvista," gemette la madre.

"È la terribile verità."

"Aspetteremo come i condannati a morte?"

"Ho paura per Dunyazàd," disse Shahrazàd fremente, "ho paura anche per me. Non possiamo fidarci di quel sanguinario. La cosa peggiore per un uomo è credersi un dio."

"È come la morte, è inevitabile."

"Talvolta mi sembra cambiato."

"Anche tuo padre lo dice."

"Ma che cosa accade nel suo cuore? Per me, continua a essere un mistero; non mi fido di lui."

"La storia, lontana dalla sua realtà, gli è piaciuta, ma se affliggesse la sua dimora e lo riguardasse sarebbe diverso. Le sue diaboliche tentazioni potrebbero ritornare," disse la madre terrorizzata.

"E ritornare il demonio di un tempo o ancora peggio."

"Qual è la tua colpa?"

"Credo che dovremmo condividere le nostre preoccupazioni con Dunyazàd."

"Mi fa molta paura."

"Perché sfuggire la realtà quando questa ci circonda?"

Il maggiordomo Murgàn chiese il permesso di entrare e consegnò a Shahrazàd una lettera dicendo timoroso:

"La signora Dunyazàd è scomparsa lasciando questa lettera".

Shahrazàd lesse le seguenti parole: "Chiedo perdono, mio sultano, ma non posso disobbedire al vostro ordine di sposare Karam al-Asìl, al contempo non posso sposarmi con lui. Ho preferito andarmene per la mia strada. Allah è clemente e misericordioso".

La madre gemette e perse i sensi.

25.

I predicatori iniziarono a divulgare il sogno straordinario, invitando le persone innamorate a incontrarsi sotto l'egida del sultano. Al tempo stesso il sultano accolse, con tristezza e disgusto, la notizia del suicidio di Dunyazàd. Diede ordine di cercare il cadavere in qualsiasi angolo della terra. Karam al-Asìl si adirò a tal punto che si ritirò in una dimora, distante dalle maldicenze e dai commenti ironici; usciva solo verso la mezzanotte. Yusuf al-Tàhir, il governatore del quartiere, accolse la notizia con gioia mescolata a profonda tristezza, gioia per la liberazione di Dunyazàd dalle grinfie dell'uomo scimmia, ma profonda tristezza per la morte della fanciulla che desiderava per sé e per la quale aveva seriamente pensato di assassinare Karam al-Asìl.

26.

Il folle stava meditando nell'oscurità della notte sotto la palma quando notò una figura che si avvicinava alla luce delle stelle. Udì una voce di donna che lo salutava e diceva:

"In nome di Allah, ti chiedo di condurmi sino a una barca che mi porti lontano dalla città".

"Stai fuggendo a seguito di un'azione che arreca offesa ad Allah?" chiese l'uomo dolcemente.

"Mai, in tutta la mia vita, ho offeso Allah," rispose la donna decisa.

La sua voce gli ricordava quella di Akramàn e Husniyya e, nel suo cuore, la dolcezza terrena si mescolò alle passioni celestiali e disse gentilmente:

"Devi attendere l'alba, quando la misericordia di Allah ti accompagnerà".

"Posso attendere qui?"

L'uomo le rivolse un sorriso che la ragazza non vide e continuò:

"Gli spazi aperti sono stati creati per i fuggitivi! Dove vai?".

"Voglio allontanarmi dalla città."

"Sei sola e forse anche bella."

Ella rimase in silenzio ed egli aggiunse:

"Che Allah ti aiuti attraverso la mia persona, se lo desideri".

"Desidero solo che mi faciliti il viaggio."

"Puoi giurare in nome di Allah che non lasci dietro di te l'offesa a un essere umano?" domandò il folle.

"Sono io che ho subito un'ingiustizia. Sono scappata di casa per suicidarmi, ma poi ho avuto paura di offendere Allah," disse con una voce tremante che lo rasserenò.

"Perché, figlia mia?"

Ella scoppiò a piangere e l'uomo, rivolgendosi al cielo, implorò:

"Tu sei Colui che tutto conosce, dov'è la Tua misericordia?".

"Sono innocente e ho subito un'ingiustizia."

"Non voglio intromettermi nei segreti del tuo cuore."

"Tu sei un buon credente, ti svelerò il mio segreto."

E iniziò a narrare la storia, quando a un tratto l'uomo la interruppe e chiese:

"Sei tu la persona del sogno?".

"Come fai a saperlo?"

"L'ho saputo dal tuo amato in questo stesso luogo e poi l'ho udito dai predicatori."

"La mia mente non riesce a seguirti. Conosci il mio amato, quello del sogno?"

"I predicatori ripetono il suo nome in ogni dove: è Nur al-Din, il venditore di profumi."

"I predicatori?" esclamò Dunyazàd come se stesse conferendo con se stessa. "Dietro di loro c'è il sultano. Che strano! Nur al-Din... Nur al-Din. Ma io sono sposata, anzi, sono morta."

Una volta terminata la storia, l'uomo disse:

"Va' con il tuo sposo!".

"La morte è più facile," esclamò convinta.

"Va' dal tuo sposo Nur al-Din."

"Ma io sono la sposa legale di Karam al-Asìl."

"Va' con Nur al-Din e lascia che giunga l'alba."

27.

"Che vedo? Le cose sembrano dirigersi verso un lieto fine," esclamò infuriato Sakhrabùt.

"Aspetta," rispose Zarmabàha celando la propria amarezza, "il cammino è ancora irto di spine."

Videro sotto l'albero Sahlùl che s'affrettava nell'oscurità e Sakhrabùt domandò:

"Un imprevisto, angelo?".

"Che sia a nostro favore," disse Zarmabàha.

Sahlùl proseguì per la propria strada senza badare loro.

28.

Di buon mattino Nur al-Din uscì di casa per recarsi ad aprire la bottega. Nei pressi di questa, trovò una giovane donna con il volto coperto dal velo che pareva aspettarlo. Ella indossava una veste di seta di Damasco, fatto che indicava la sua appartenenza alla classe elevata. Lo guardò con interesse e sospirò profondamente. Era sorpreso e il cuore gli batteva forte, rivelando misteriose emozioni. Ella scoprì il volto radioso e lo fissò con sommesso ardore. Fuori dalla realtà, s'immersero in un sogno di magica passione che parve durare un secolo. La brezza primaverile li accarezzava e le fragranze del cielo azzurro li agitavano. La felicità fece loro dimenticare il tormento e la confusione. La pace celeste rivestì la terra e con un movimento naturale come il canto degli uccelli si diedero la mano.

"Umana e viva," esclamò Nur al-Din, "è la realtà, non è un sogno. Qui in questo istante."

"Sì," sussurrò la ragazza con voce tremante, "tu sei Nur al-Din e io Dunyazàd."

"Quale gesto misericordioso ti ha condotta a me?"

Le parole scorrevano dalle sue labbra come se stesse narrando una tragedia e il suo lieto fine.

"Dobbiamo metterci in salvo," disse Nur al-Din ebbro dalla gioia, "affinché il miracolo non sia avvenuto invano."

"Ma il tuono è più potente del tubare delle colombe."

"Insieme e per sempre," sottolineò il giovane.

"Il destino ha voluto così."

"Andiamo dal sultano."

La fiamma della passione che avvolgeva Dunyazàd si spense.

"Ma io sono sposata con Karam al-Asìl."

"La promessa del sultano vale molto di più," ribatté Nur al-Din.

"Anche gli ostacoli hanno una loro forza," disse Dunyazàd disperata, mentre egli era inebriato dalla felicità.

29.

Il consiglio del sultano si riunì a mezzogiorno alla presenza delle maggiori autorità di stato. Innanzi al trono si trovavano Nur al-Din il venditore di profumi, e Dunyazàd, la sorella della sultana.

"Ci hanno sorpresi eventi misteriosi," disse il sultano, "i giorni e le notti ci hanno insegnato a prestare attenzione a queste meraviglie e a bussare alla porta del mistero per giungere alla luce. Questo evento straordinario, mascherato da sogno, ha invaso la mia dimora."

Il sultano tacque e il cuore del visir Dandàn prese a palpitare, mentre i volti di Dunyazàd e di Nur al-Din impallidirono. Senza dubbio, forze opposte e contrarie lottavano nel cuore del sultano. Il demone malvagio era stato ammaliato dalle storie, ma purtroppo queste non erano riuscite a cambiare la sostanza. Ma con il volto ancora più corrucciato, disse:

"La promessa del sultano è valida".

La disperazione si allontanò da molti cuori che intravedevano un barlume di speranza. Poi il mufti ribatté:

"Ma la signora Dunyazàd è sposata in base alla legge divina!".

"Conducete qui Karam al-Asìl," ordinò il sultano a Dandàn.

Yusuf al-Tàhir, il governatore del quartiere, si alzò e dichiarò:

"Signore, la notte passata Karam al-Asìl è stato trovato morto non lontano dalla propria abitazione".

La notizia scosse i cuori dei presenti come un terremoto e improvvisamente ricordarono le morti violente dei governatori e dei notabili. Bayùmi al-Armal, il capo della polizia, si alzò e disse:

"I nostri uomini, dopo lunghe ricerche, stanotte hanno trovato il folle in fuga nel nostro quartiere, vagava per le strade e l'hanno arrestato".

"Lo accusate dell'assassinio di Karam al-Asìl?" domandò il sultano.

"Ha ammesso, orgoglioso e fiero, di avere commesso tutti i delitti."

"Non è lo stesso uomo che sosteneva di essere Gamasa al-Bulti?"

"Proprio lui, e continua a sostenerlo."

Yusuf al-Tàhir affermò:

"Chiediamo il permesso al nostro signore di decapitarlo poiché è più sicuro che riportarlo al manicomio".

"Il visir Dandàn mi ha riferito che la galleria attraverso la quale è fuggito non è opera di un essere umano."

"È proprio così, mio signore," confermò Bayùmi al-Armal.

Il sultano esitò a tal punto che i suoi collaboratori più intimi pensarono che, per la prima volta nella sua vita, stesse provando paura. Dandàn, resosene conto, disse astutamente:

"Non è che un pazzo, mio signore, tuttavia è detentore di un segreto che non dobbiamo sottovalutare. Lasciatelo andare per la sua strada, non c'è un regno che non abbia un gruppo di persone come lui che vivono sotto la protezione divina. Credo, mio signore, che dovrebbe essere rilasciato e che il colpevole dovrebbe essere cercato tra gli sciiti e i kharigiti".

"È un buon consiglio, Dandàn," lo ringraziò il sultano, apprezzando nel proprio intimo la perspicacia del visir.

Quindi si rivolse a Dunyazàd e Nur al-Din e disse:

"Mantengo la promessa, dunque potrete sposarvi. Dunyazàd avrà dal Tesoro di stato tutto ciò che le spetta".

Nell'assemblea regnarono pace e felicità.

LE AVVENTURE DI UGR IL BARBIERE

1.

Le menti vennero turbate dalla morte di Karam al-Asìl, ma Ugr era preoccupato per se stesso, e si estraniava quindi dal mondo intero. In circostanze normali nulla lo distoglieva dagli eventi, poiché era un incorreggibile bambinone che faceva di una pietruzza una montagna e considerava la bottega un luogo di ritrovo prima che il negozio di un barbiere, seguendo con interesse e piacere le notizie e le dicerie. Un sorriso lo aveva nuovamente restituito alla propria natura e le speranze a lungo represse tornarono a sbocciare. Era basso e magro, con occhi scintillanti e carnagione olivastra. Non gli era mai mancata una certa bellezza unita a una vivace intelligenza. La signora del sorriso era di mezza età, maggiore di lui di uno o due anni. Perché sorrideva a un barbiere come lui? Forse le piacevano gli uomini, forse lo stava tentando con femminilità e generosità, ma tutti potevano testimoniare della povertà di Ugr il barbiere. Dio mio, quanto gli piacevano le donne! Se non fosse stato per la sua povertà, Fatùha non sarebbe rimasta, fino ad allora, la sua unica sposa. Forse sognava le donne come suo figlio Aladino, come pure le ricchezze, il cibo e il bere. La signora era passata davanti alla sua bottega per diversi giorni, fino a quando la fermò ed ella gli diede appuntamento presso la scuola del sultano subito dopo il calar del sole. Aspettò pensando: "È giunto anche il tuo turno, Ugr". Per la prima volta ringraziava e gioiva per la buona sorte, per la prima volta porgeva il benvenuto al calare del sole, per la prima volta provava il piacere di saltare per strada. Le botteghe chiudevano i battenti ed egli esultava di eccitazione e impazienza. Quando il vicolo si era quasi svuotato, ecco apparire il folle con un'ampia tunica e una lunga barba. Era forse apparso di sorpresa per turbare la notte e i suoi segreti? Ecco colui che aveva sempre confessato di avere commesso i delitti peggiori, colui che affermava di essere Gamasa al-Bulti, il vincitore della morte, colui che aveva intenerito il cuore di pietra del sultano e ottenuto la libertà. Ugr lo apprezzava come se fosse un giocattolo misterioso, tuttavia non fu felice di incontrarlo in quel momento decisivo. Accadde di fatto quel che temeva: il folle gli si avvicinò per poi fermarsi innanzi a lui e dirgli ad alta voce:

"Va' a casa tua, non si esce di notte senza un proposito ben chiaro".

Ugr scoppiò a ridere cercando di vincere la propria inquietudine.

"I tuoi capelli crescono come i rami della robinia, la tua barba è lunga e larga come un tendone. Perché non passi dalla mia bottega per un ritocco?"

"Hai la mente corrotta, per questo non mi obbedisci."

"Che folle simpatico sei!"

"Un ignorante discendente da ignoranti," concluse il folle e se ne andò.

Ugr rimase solo poco più di un minuto poiché sua moglie giunse di lì a poco.

2.

Un'esperienza ardente nel corso della quale aveva sottovalutato l'ignoto, dopo venti anni di quotidiana vita matrimoniale, lo aveva portato nell'oscurità, dissipata a tratti dalle lanterne delle porte d'ingresso delle abitazioni, a una dimora isolata al centro di un giardino fuori dalle mura della città. Era certo che la persona che lo guidava appartenesse al ceto elevato, che fosse abbiente e conducesse una vita dissipata. Tutto ciò lo rendeva estremamente felice. Si addentrò in un luogo buio e venne subito avvolto da fragranti profumi. Si accorse di essere nel giardino. Poi giunse in una sala illuminata da lanterne poste ai quattro angoli. Al centro c'era un sontuoso giaciglio e molti cuscini su cui accomodarsi; una tavola era imbandita con cibi e bevande di ogni genere. La donna si assentò per ritornare senza velo, avvolta in una lunga tunica di seta. Possedeva un corpo compatto e bei lineamenti. Era più vecchia di quanto pensasse, ma al contempo civettuola e libertina. Lo sguardo di Ugr oscillava tra la donna, il cibo e le bevande, mentre pensava: "Ecco come i sogni diventano realtà".

"È la nostra notte," esclamò ansioso, "non c'è altra notte uguale."

La donna riempì i bicchieri e rispose ridendo:

"Solo gli ingrati rifiutano i favori".

Batté le mani e giunse una giovane schiava recante un liuto. La ragazza assomigliava alla padrona, pareva la sorella anche se, per via della giovane età, era più bella.

"Suona per noi," ordinò la donna, "la felicità deve essere completa."

Le bevande pervasero le loro menti come la melodia del liuto pervase i loro cuori. Con disinvoltura, Ugr si dedicò al vino, al cibo e alla donna. Si chiese più volte quando avrebbero fatto conoscenza reciproca. Ma in fondo che importava? Non doveva mostrarsi precipitoso, prima o poi sarebbe giunto il momento di svolgere la propria parte come si deve. Certamente si trovava davanti a una donna dissoluta, ma anche generosa: donava anziché approfittarsene. Era un sogno che non lo pregiudicava, a meno che non diventasse realtà...

3.

Gli dedicava il lunedì di ogni settimana. Ugr avrebbe voluto incontrarla più spesso, ma la donna non acconsentiva. Così decise di adeguarsi. Ella evitava di rivelargli la propria identità, ma il barbiere era convinto che appartenesse alla classe elevata. Perché non abitava in un palazzo come tutti i notabili della città? Forse era colpa del vizio e dell'arroganza di cui egli beneficiava. La giovane schiava era chiaramente la sorella ed era a sua volta sprofondata nella corruzione. Obbediva e assecondava la donna come una bambina. Era attraente e scambiava con Ugr occhiate furtive. Di lì a poco sarebbe caduto nella rete della sorella minore come era caduto in quella della maggiore. Era un convito traboccante di passione e dissolutezza, ed egli continuava a fare mille supposizioni circa la donna. Adorava il cibo, adorava le bevande, così come adorava la donna. Con il trascorrere dei giorni egli amava sempre più il cibo e le bevande. Si gettava sulla tavola con avidità e senza un minimo di vergogna, trasformandosi in un allegro spettacolo per le due donne. Si sforzava di non rivelare la propria passione per la giovane schiava, mentre quest'ultima lo incoraggiava pur sfuggendogli con prudenza. Al Caffè dei Principi si sentiva superiore ai notabili della città e più felice di Yusuf al-Tàhir, si sentiva un secondo Shahriyàr.

4.

Una notte trovò solo la giovane schiava. La sala era la stessa, ma la tavola era spoglia. Era stupito, ma non commentò.

"La signora è malata," disse la schiava, "e chiede di scusarla."

Il cuore gli balzò in gola, gli occhi brillarono, ma la fanciulla sorridendo aggiunse:

"Devo ritornare subito al suo fianco".

"Lei si fida di te," rispose Ugr impaziente. E subito le si avvicinò e la abbracciò.

"Chi potrà mai saperlo!" disse la giovane senza opporre resistenza.

"L'occasione non ci sfuggirà."

"Che avventura sia!"

"Sei una donna libera come lei. Senza dubbio sei sua sorella."

La ragazza si liberò delicatamente dalle sue braccia e recò cibo e bevande. Entrambi bevvero in abbondanza per alleviare l'atmosfera carica di tensione ed esitazione. Si strinsero in abbracci appassionati, scalarono la vetta della sfida e si estraniarono dalla realtà.

Il barbiere si svegliò di buon'ora. Era nauseato, la sua testa pesante. Fece scorrere la tenda ed entrò la luce del mattino. La sua mente era pervasa dal ricordo della notte passata. Improvvisamente dalla sua bocca sfuggì un grido e gli occhi gli uscirono dalle orbite. La bella schiava era stata sgozzata. Si era completamente dissanguata. La morte regnava su di lei. Quando? Chi? Come? Doveva fuggire? Quanto gli pesava la testa! Era come se avesse bevuto vino unito a uno stupefacente. L'accusa pendeva sul suo capo. Rifletté rapidamente e senza logica: il giardino, sotterrare il cadavere, rimuovere le tracce di sangue. C'era forse in casa qualcuno che potesse vederlo? Doveva agire e arrendersi al proprio destino. Non c'era tempo per riflettere. D'un tratto tutto era miseramente crollato. Quel che era stato, era stato. Lo spettro dell'altra donna non lo abbandonava.

Mentre dava un ultimo sguardo al luogo del delitto, vide, per terra ai piedi del letto, una collana di diamanti. La raccolse e la infilò nel borsello. Di fretta uscì dall'abitazione, pensando: "Se la scampo sarà un miracolo".

5.

Ugr ripiombò nella più totale angoscia. Il delitto lo accusava e distendeva la presa per poi serrarla e strangolarlo. "Signore, se mi salverai ti prometto di pentirmi."

Il figlio Aladino lo vide e si rallegrò del suo ritorno, mentre Fatùha, sua moglie, digrignò i denti.

"Gli stupefacenti mi hanno intontito," disse senza prestarle molta attenzione.

La donna lo maledisse. La loro vita coniugale trascorreva tra alti e bassi. Il barbiere aprì la bottega in ritardo rispetto al solito. Rase le teste e le barbe con la mente assorta in altri pensieri, smarrita nelle valli del terrore. Doveva essere stata una terza persona a uccidere la ragazza. Ma perché uccidere la giovane schiava? Gelosia? Gelosia di un uomo sconosciuto, oppure di una donna? Era perennemente inseguito dall'immagine della sorella maggiore: energica, immorale e capace di compiere atroci delitti. Aveva scoperto il cadavere? Qualcuno era forse a conoscenza della sua fuga notturna? Forse un giorno sarebbe stato condotto al tappeto delle esecuzioni per essere decapitato? "Signore, se mi salverai ti prometto di pentirmi." Per alcuni istanti pensò di fuggire. La collana che conservava nel borsello che recava alla cintola era molto preziosa, ma venderla sarebbe stata la rovina. No, non era un assassino e non sarebbe fuggito; inoltre, la divina provvidenza non dormiva. Certo, la provvidenza divina non dormiva, ma allora chi era stato? Guardò contrito il folle che stava entrando nella bottega. L'uomo si sedette sul pavimento e iniziò a mangiare un'albicocca. Ugr stava sistemando la barba del dottor Abd al-Qàdir al-Mahini.

"Come mai da queste parti a quest'ora della mattina?" domandò al folle.

"Il tuo giorno è diventato notte, Ugr," rispose semplicemente l'uomo.

"Che Allah mi protegga dai discorsi malvagi!"

"Non burlarti di noi, poiché la follia rappresenta l'apice dell'intelligenza," disse il medico ridendo.

"Sono un ex poliziotto," affermò il folle.

"Continui a sostenere di essere Gamasa al-Bulti?"

"E il poliziotto, anche se si dedica ad Allah, non rinuncia mai alla sua professione."

"Lasciatemi in pace, tu e la tua follia," esclamò Ugr angosciato, "oggi non sono in vena."

"Solo quelli come te mi invitano, ignorante!" ribatté il folle con tutta serenità. Il dottore rise un'altra volta, poi aggiunse:

"Solitamente si invita qualcuno quando non sappiamo fare il nostro mestiere".

Il folle si alzò e, dirigendosi alla porta, disse:

"Allah è il rifugio dei vivi e dei morti, e dei morti-vivi".

Quando se ne fu andato, Ugr disse al medico:

"Il cuore mi dice che quest'uomo è un assassino pericoloso".

"Quanti assassini, Ugr!" sussurrò Abd al-Qàdir al-Mahini.

Ugr intuì che il folle sapeva del suo segreto. Chissà se era lui il carnefice della bella ragazza? Quando sarebbe scomparsa l'afflizione, Signore del creato?

6.

Giunse anche la notte del lunedì, l'appuntamento con Gulnàr dalle misteriose possibilità. Se fosse andato, lo avrebbe atteso l'inferno. Se non fosse andato, sarebbe stata la conferma di un delitto che non aveva commesso. Si recò alla casa del delitto e del terrore. Si sottomise al destino tremante. Attraversò il giardino a occhi bassi. La testa che era stata separata dal bel corpo lo seguiva passo dopo passo. Vide Gulnàr e la tavola, e ricevette il primo alito di vento estivo, carico di umidità. Doveva occultare il proprio nervosismo. Doveva fare l'amore sul letto di sangue. Il cadavere colmava la sala ed eclissava l'insaziabile donna. Come avrebbe voluto fuggire! Iniziò a bere disperato. La donna era serena e sorridente. Doveva chiederle di Zahriyàr oppure attendere? Chi dei due avrebbe rivelato per primo i propri dubbi? Fu Gulnàr ad affrontare il discorso.

"Dove si trova Zahriyàr?"

"Non è con te?" chiese Ugr a sua volta.

Ella stava bevendo e parve confusa, poi disse:

"L'avevo mandata da te affinché ti porgesse le mie scuse".

"Abbiamo scambiato due chiacchiere, poi ci siamo separati," rispose il barbiere con il cuore tremante.

"È scomparsa, si è come dileguata nel nulla. Si sono già date per vinte le persone che la stavano cercando."

Egli le prese la mano e mormorò:

"È un fatto veramente strano. C'è forse un motivo per la sua scomparsa?".

"Non so, non ne ho la minima idea. La casa è tutta in subbuglio."

"Quale casa, Gulnàr?"

"La mia casa, Ugr. Credi forse che non abbia una famiglia?"

"E questa casa?"

"È solo un luogo di riposo, dove ci ritiriamo per divertirci."

Esitò un istante. Aveva la testa pesante, senza essere ubriaco.

"A quale famiglia appartieni, Gulnàr?"

"Esseri umani, ma che ti importa?" disse la donna sorridendo.

"Chissà dov'è Zahriyàr?" domandò Ugr adombrato.

"La notizia ti ha visibilmente rattristato."

"Sono solo un uomo, Gulnàr!" ribatté prudentemente.

"Un brav'uomo, Ugr!" disse accarezzandogli la barba.

Ebbra per il vino, si avvicinò a lui. La tristezza avvolse l'uomo, scomparvero l'appetito e la sete e la fonte del desiderio si prosciugò. Si allontanava dalla donna per via della paura che suscitava in lui. Si trattava di un opprimente incubo cui bisognava porre fine.

7.

Si recò all'appuntamento successivo come se si stesse dirigendo al patibolo, tuttavia, quando bussò alla porta, non ricevette alcuna risposta. Al vedere che nessuno apriva, per la prima volta, dal momento in cui aveva scoperto il delitto, si sentì sollevato. Forse la famiglia di Gulnàr si era infine accorta della sua condotta segreta. Forse Gulnàr, inorridita, era scappata da lui. Forse le era toccato lo stesso destino della sorella. Fosse quel che fosse, una parte consistente del suo tormento era giunto al termine. Non volle avvicinarsi un'altra volta al luogo del delitto. Continuava a lottare contro il colore del sangue che lo perseguitava, non smetteva di ripetersi che in tutta la sua vita non aveva mai commesso un omicidio. Mai. Non era nemmeno in grado di ammazzare una gallina. Il ricordo del cibo, delle bevande e della passione si dileguò e cominciò a pensare che forse il disastro non era mai accaduto realmente. Ogni giorno che passava gli elargiva una folata di tranquillità. La paura tocca ai colpevoli non agli innocenti. Ed egli era innocente, non c'era dubbio. Man mano che recuperava la serenità, il desiderio represso prendeva vigore. Riprese a pensare alle notti di passione, ai manicaretti e sospirò nostalgico. Ricordò anche la preziosa collana che celava in tasca e che non poteva vendere e se ne dispiacque. Portava con sé un oggetto dal valore inutile, aveva vissuto un'esperienza indimenticabile con felicità. Nel suo cuore ribollivano l'eccitazione e il desiderio del piacere.

"Non sarebbe meglio che io mi pentissi?" si domandò Ugr confuso.

Le notti con Gulnàr avevano acceso in lui l'ossessione per le donne. Lanciava occhiate furtive alle belle donne, occhiate che sprigionavano fuoco per provocare un fuoco ancora più intenso. Durante una delle sue passeggiate incontrò Husniyya, figlia di Sanʿan e sorella di Fàdil. La povertà della donna e la reputazione del suo defunto padre lo incoraggiarono a corteggiarla. L'occasione si presentò quando Fàdil si recò alla sua bottega per sistemarsi la barba e i baffi. Lo salutò calorosamente e gli chiese con straordinaria naturalezza:

"Fàdil Sanʿan, qui c'è qualcuno che desidera imparentarsi con te".

"Chi, Ugr?" domandò Fàdil stupito.

"La mia umile persona."

Fàdil rimase attonito, anche se cercò di nascondere la propria reazione. "Ugr probabilmente gode di una migliore posizione economica rispetto alla mia, ma egli è Ugr e io sono Fàdil," pensò, "e Husniyya non è certo meno raffinata della stessa Shahrazàd." Cercando di guadagnare tempo per riflettere domandò:

"Mia sorella?".

"Certo."

"Pare che qualcuno ti abbia preceduto," disse Fàdil quasi a scusarsi.

Ugr si rifugiò nel silenzio, non poteva crederlo. Se qualcuno lo aveva preceduto, egli doveva saperlo. Forse egli era all'oscuro di qualcosa che l'intero quartiere conosceva? Ugr era furente.

Come mai Fàdil non aveva considerato favorevolmente la sua richiesta, visto che apparteneva a una famiglia sulla quale si era abbattuta la maledizione di Satana?

8.

Il suo desiderio d'amore aumentò, così come la sua brama di ricchezza non diminuì. Era ossessionato dai corpi delle vergini come un adolescente, nonostante suo figlio Aladino non si fosse ancora sposato. Si rigirava tra i cuscini in dimore incantate simili a quelle case in cui talvolta entrava per servire i suoi clienti. Come era accaduto per l'amore di Husniyya, il suo cuore venne rapito da Qamar, la sorella di Hasan al-Attàr. Un amore più intenso del precedente, reso ancora più forte dal fatto che era un amore senza speranza, un amore condannato alla segretezza, al dolore e alla sofferenza. Un giorno si recò a casa di al-Attàr per sistemargli la barba. Fu lì che notò la bella ragazza e perse per sempre la serenità. Ma non abbandonò il suo sogno. Si recava nelle dimore dei notabili, andava da al-Attàr, da Galìl al-Bazzàz, da Nur al-Din... Come era felice Nur al-Din! Da semplice venditore di profumi, da una classe sociale non certo più elevata di quella di Ugr e pur avendo probabilmente un aspetto meno piacevole di suo figlio Aladino, era diventato una delle personalità della città, parente e cognato del sultano, marito di Dunyazàd, sorella di Shahrazàd. Non è forse Allah onnipotente su tutte le cose?

9.

Si recò, come tutte le sere, al Caffè dei Principi. Dopo un caldissimo giorno d'estate, la notte regalava un piacevole venticello. Si sedette il più vicino possibile alla panca del maestro Sahlùl, il commerciante di mobili. Il narratore aveva appena concluso il racconto di una parte della vita di Antara; il *rabab* tacque e iniziò la conversazione.

"Era da molto che non ci onoravi della tua presenza!" disse Ugr al maestro Sahlùl che era un suo cliente.

"Ti farò visita quando meno te lo aspetti!" rispose Sahlùl sorridendo.

Giunsero Hasan al-Attàr e Galìl al-Bazzàz, e con loro Fàdil al-San'an. Presero posto e Ugr li salutò calorosamente. Costoro ricambiarono il saluto con freddezza. Ugr cercò di mostrarsi gentile, ma risposero senza entusiasmo perché non gradivano la sua abitudine di intromettersi nei discorsi altrui. Adesso era più importante di Fàdil, tuttavia lo trattavano sempre come una volta. Aveva sempre sognato di prestare i propri servigi in cambio di poter sedere al loro tavolo. Solo una volta vi era riuscito, esaudendo il proprio desiderio, mentre decine di altre volte aveva fallito. Ora, dopo avere rifiutato di concedergli la mano della sorella, Fàdil era un nemico. Hasan invece stava conquistando favori inattesi. Ugr allungava le orecchie, mentre fingeva di dormire. Stavano parlando di una splendida festa per celebrare l'arrivo della nave di al-Bazzàz con un carico proveniente dall'India. Sarebbero stati offerti cibo, addirittura migliore di quello di Gulnàr, e bevande a volontà. Il venditore di dolci si sarebbe rimpinzato come nei giorni passati.

"Fa molto caldo. Cerchiamo un posto all'aperto!" disse Fàdil.

Quell'accattone esprimeva i propri desideri come se fosse un notabile. Galìl rispose:

"La lingua verde. È un'isola nella verzura".

"Ho invitato Shamlùl il gobbo," aggiunse Hasan al-Attàr.

"Bene, il buffone del sultano ci divertirà con le sue facezie," esclamò Galìl.

Persino il buffone! Quanto a te, Ugr, la sorte non ti sorriderà sinché non verrà cancellato il sangue umano. Diresse lo sguardo verso Sahlùl e disse:

"Appartieni a una specie rara nella tua astensione dal divertimento, Sahlùl".

"È vero," rispose Sahlùl imperturbabile.

"Sei un uomo nobile e modesto, non avresti dovuto rifiutare la mia compagnia."

Sahlùl sorrise senza rispondere. Ugr esitò qualche istante quasi a provocarlo. Si voltò un'altra volta verso di lui, ma il suo posto era vuoto. Percorse con lo sguardo tutto il locale, ma di Sahlùl nemmeno una traccia. Era scomparso all'improvviso, in un batter d'occhio. Che personaggio strano!

Ugr doveva partecipare alla festa che si sarebbe svolta alla lingua verde, a qualsiasi prezzo, anche se, dopo tante peripezie, lo avrebbero cacciato.

10.

La lingua verde di terra che si estendeva in mezzo al fiume come un'isola dalla forma allungata era illuminata solo dal flebile brillare delle stelle. Non lontano s'intravedeva il profilo di una palma la cui base era la dimora del folle. Dovevano stendere i tappeti, preparare i tavoli e accendere il fuoco per cuocere il cibo. Ma ecco che una persona s'intrufolò tra i presenti e si offrì di servirli.

"Sono il servitore dei signori!" disse.

"Ugr, quanto sei noioso quando ti vuoi intromettere!" esclamò Galìl al-Bazzàz.

"Mi vorrò intromettere, ma non sono noioso," rispose deciso iniziando a servire. "Come può riuscire un convito come questo senza un servitore?"

"A condizione che tu ti morda la lingua!" lo redarguì Hasan.

"Non aprirò bocca a meno che non sia strettamente necessario."

Shamlùl il gobbo, con la voce acuta come quella di un bambino, gridò:

"Come può un accattone come te unirsi a persone tanto rispettabili?".

Ugr montò su tutte le furie, tuttavia si immerse nel lavoro disponendo bottiglie e bicchieri e accendendo il fuoco. Tutti iniziarono a bere. Shamlùl prese un liuto, grande quanto lui, e intonò un motivo con una voce che provocò il riso generale. Nonostante fosse di bassa statura, era un uomo molto orgoglioso. Dopo il primo bicchiere Ugr dimenticò la promessa fatta e domandò:

"La sapete l'ultima di Humàn al-Fiqi, il segretario particolare del governatore Yusuf al-Tàhir?".

"Non vogliamo ascoltarla," esclamò Hasan al-Attàr, "chiudi il becco!"

Mentre stavano bevendo una voce sconosciuta disse: "L'Unico". I presenti si voltarono tutti verso la palma.

"È il folle," disse Fàdil.

"Non poteva scegliersi una dimora migliore della lingua verde?" domandò Galìl.

"Sostiene di essere Gamasa al-Bulti," spiegò Hasan al-Attàr.

"Questo sostiene, ma la testa mozzata di Gamasa al-Bulti la pensa in maniera differente."

"Tutto è possibile in questa folle città," esclamò Shamlùl il gobbo.

"Se volete la verità..." s'intromise Ugr il barbiere.

"Né vogliamo né ci piace la verità," lo interruppe Galìl.

"Non ricordare i morti, è un ordine del sultano," gridò Shamlùl.

"Come trascorre il sultano le proprie notti insonni, Shamlùl?" chiese Galìl.

"Non appartengo a coloro che rivelano i segreti, infame!" rispose Shamlùl borioso.

Tutti scoppiarono a ridere, tranne Hasan al-Àttàr che, alterato e adirato a causa del vino, urlò:

"Verme!".

Shamlùl si arrabbiò. Scagliò il liuto e balzò in piedi. Ed eccolo orinare sulla tavola imbandita. Tutti erano ormai convinti che la festa fosse rovinata. L'ebbrezza accese la rabbia e Shamlùl venne circondato e colpito da tizzoni ardenti. Fàdil lo assalì alle spalle, lo afferrò per i minuscoli piedi, lo trascinò sino alla riva della lingua di terra e lo immerse nell'acqua del fiume per alcuni interminabili secondi. Lo sollevò dall'acqua e lo lasciò disteso, tutto tremante, sull'erba. Poco dopo Shamlùl si alzò e barcollando raccolse un tizzone che lanciò. I tizzoni iniziarono a volare provocando ustioni a questo e a quello. Esasperati dall'ira e dall'ebbrezza presero a colpire Shamlùl con calci e pugni sino a che l'uomo cadde svenuto. Ugr aveva assistito impassibile e terrorizzato.

"Lasciatelo stare," sussurrò il barbiere, "è il buffone del sultano!"

Avvolto dall'oscurità, si chinò silenziosamente su di lui. Gli sollevò il capo ed esclamò:

"Signori, avete ucciso il buffone!".

"Sei sicuro di quel che dici?" domandò Galìl.

"Guardate voi stesso!"

Il silenzio si riempì di costernazione. Ugr godette della sventura altrui e commentò maliziosamente:

"Un delitto gratuito conduce direttamente alla porta del sultano!".

"È la follia," urlò Hasan al-Àttàr.

"Che sfortuna!"

"Si è abbattuta su di noi senza motivo!"

La mente di Ugr vagava in mille direzioni, saltava da un'idea all'altra. Infine con calma, sentendosi per la prima volta un signore, disse:

"Raccogliete le vostre cose, andate via!".

"Come possiamo andarcene lasciando dietro di noi un simile delitto?" disse Galìl.

"Andatevene, occulterò il cadavere. Non lo troveranno nemmeno i *ginn* stessi."

"Sei in grado di farlo?"

"Certamente. Confido solo in Allah."

"Avrai una ricompensa che non hai mai visto sinora," promise Galìl con la voce tremante.

"Sarà meno di quel che spero," commentò Ugr freddamente.

"Molti clienti del Caffè hanno udito che lo abbiamo invitato alla festa."

"Sì, probabilmente, ma io sono venuto senza essere invitato; posso testimoniare che rimase qui solo per un'ora, poi se ne è andato da solo perché stava male. Ricordatevelo bene!"

11.

Era con il cadavere del gobbo, da solo. Ricordò Zahriyàr e il sangue, le articolazioni gli tremarono. Tuttavia non aveva tempo per i pensieri inibitori. Si sarebbe allontanato dal terreno coltivato per cercare una cavità nel deserto, un luogo sicuro in cui nascondere il cadavere sino al momento in cui si sarebbero realizzati i suoi desideri. Il cadavere confermava la sua buona sorte, gli avrebbe permesso di recuperare ciò che aveva perso. Tuttavia bisognava agire con rapidità e circospezione. Improvvisamente una voce infranse il silenzio:

"Ecco colui che s'affretta nell'oscurità!".

Il suo corpo venne percorso dai brividi. Il folle! Faceva sempre irruzione nella sua solitudine. Doveva avvolgere il cadavere con il mantello; afferrò una mano e subito la lasciò, era come se l'avesse punto. C'era stato un movimento, forse un battito del polso. Pareva di udire un respiro simile a un gemito. Santo cielo! Il gobbo non era morto. Ritornò la voce:

"Affrettati".

La maledizione continuava a inseguirlo. L'assassino della bella Zahriyàr, perché l'aveva uccisa? Perché non aveva ucciso Gulnàr? Caricò Shamlùl sulla spalla sinistra e lo coprì con il lembo destro del proprio mantello.

"Sta' tranquillo, Shamlùl, sono il tuo amico Ugr. Ti condurrò al sicuro," sussurrò il barbiere.

Avrebbe perso la ricompensa? Si sarebbero dileguati i suoi desideri? Se solo fosse stato capace di uccidere! Ma... Improvvisamente gli balenò un'idea: lo avrebbe nascosto a casa sua sino al momento in cui avrebbe ottenuto quel che desiderava. L'idea s'impadronì di lui senza lasciargli il tempo di analizzare le varie sfaccettature della sua decisione.

12.

Fatùha osservava stupita il minuto e immobile corpo del gobbo mentre Ugr le diceva:

"Ascolta e obbedisci".

"Non basta nemmeno per un pasto," rispose sarcastica.

"Gli prepareremo un posto confortevole al piano di sopra; si fermerà qui fino a che si riprenderà."

"Perché non lo riporti alla sua famiglia?"

"È la stella della buona sorte. Ci porterà felicità e migliorerà la nostra condizione. Dagli ciò di cui ha bisogno, sii prudente, chiudi la porta di sopra. Non si fermerà a lungo. Dopo ti dirò tutto quel che devi sapere."

13.

Quella notte dormì solo un'ora. La mattina presto si precipitò al lavoro. Era il giorno in cui si sarebbe decisa la sua vita; dovevano avvenire tutti i miracoli, senza ombra di dubbio. Doveva mostrarsi audace e temerario, non doveva provare vergogna anche se mai in vita sua l'aveva provata. Era un'occasione unica che non si sarebbe più ripetuta, tutto corrispondeva alla volontà divina. Decise di iniziare dall'impresa più ardua; si diresse quindi all'abitazione di Hasan al-Attàr prima che quest'ultimo si recasse alla bottega. Il giovane lo ricevette nella sontuosa sala e gli domandò impaziente:

"Come mai da queste parti, Ugr?".

"Tutto bene," rispose sicuro di sé, "tu sei al sicuro sino alla fine dei tuoi giorni."

"Con il permesso di Allah," disse Hasan stringendogli il braccio. "Ti sei incontrato con mastro Galìl?"

"Non ancora. Ho voluto iniziare con la persona più importante."

"Eccoti mille dinari. Buona fortuna."

"Eh no, sono diecimila!" ribatté con calma.

"Che dici?" domandò Hasan esterrefatto.

"Diecimila dinari."

"Ma è una fortuna, nemmeno i ricchi più generosi potrebbero sostenere una tale somma."

"È solo una goccia nel tuo oceano e la tua vita vale molto di più dello stesso Qarun."

"Accontentati di cinquemila e Galìl al-Bazzàz te ne darà diecimila."

"Non abbasserò la cifra nemmeno di un dirham."

Hasan tacque un attimo, dopodiché si alzò indispettito e si assentò brevemente. Al suo ritorno consegnò i diecimila dinari richiesti.

"Non hai pietà," sussurrò.

"Che Allah ti perdoni," disse Ugr mettendosi la mano in tasca. "Non ti ho forse salvato la testa dalla spada di Shabìb Rama?"

"Ma la tua ambizione è più micidiale della sua spada."

"Con il favore di Allah," disse l'altro ignorando il commento di Hasan, "Ugr diventerà uno dei notabili della città e farà ben fruttare il proprio denaro come fanno gli uomini dalle doti eccezionali come mastro Sahlùl. Così i suoi sogni veri si avvereranno."

"Quali sono i tuoi sogni veri?" domandò Hasan in un tono ironico che celava il suo rancore.

"Avere l'onore di imparentarmi con te chiedendo la mano della tua illibata sorella," rispose con calma e incredibile ardimento.

"Che cosa?" esclamò Hasan balzando in piedi.

"Non trattarmi con disprezzo, non ne hai diritto. Tutti discendiamo dalla costola di Adamo e l'unica cosa che fino a poco fa ci distingueva era il denaro. Ora però niente ci differenzia."

Hasan trattenne la rabbia e, per togliersi d'imbarazzo, disse: "Comunque sai bene che la donna deve dare il suo consenso".

"Lo darà in modo da salvare la testa di suo fratello," ribatté il barbiere lanciandogli un'occhiata d'intesa.

“La tua richiesta è ignobile,” rispose Hasan respirando affannosamente.

“L’amore crede solo nell’amore,” disse l’altro convinto.

Regnava il silenzio e il calore crescente della giornata opprimeva entrambi. Infine Hasan disse:

“Aspettiamo un po’ di tempo”.

“Appuntamento a questa sera,” rispose Ugr energicamente.

“Questa sera?”

“Questa sera, per il contratto. Il matrimonio verrà celebrato in seguito.”

Ugr si alzò, fece un inchino e se ne andò sentendo uno sguardo astioso che lo trafiggeva alle spalle.

14.

Prima che la mattinata giungesse al termine, aveva ottenuto altri diecimila dinari da Galìl al-Bazzàz, lasciandolo prostrato dal rancore. Ugr pensò che sarebbe stato meglio intrattenere rapporti più stretti con il capo della polizia, Bayùmi al-Armal, nel caso lo avessero tradito in futuro. Doveva altresì solidarizzare con il governatore del quartiere e con il segretario particolare di quest’ultimo al fine di aumentare il proprio prestigio e la propria sicurezza. Quanto a Fàdil Sanʿan, nel momento in cui passò dalla sua bottega, si trovava da solo. Lo guardò soddisfatto e domandò:

“Che cosa hai da darmi per averti salvato la testa, Fàdil?”.

“Ho la mia testa, è ciò che di più prezioso posseggo!” disse Fàdil, ridendo confuso.

“Un tempo hai rifiutato sdegnato di concedermi la mano di tua sorella,” affermò Ugr amareggiato.

“Devi perdonarmi l’errore,” si scusò Fàdil.

“Allah mi ha concesso una donna migliore, ma ricorda che ti ho salvato la testa gratuitamente solo per via della tua povertà.”

15.

Quella sera si tenne la cerimonia legale del matrimonio di Ugr con Qamar al-Attàr in un’atmosfera da funerale. I pensieri di Ugr erano totalmente concentrati sulla persona di Shamlùl il gobbo e su come tenerlo nascosto in casa sino alla celebrazione del matrimonio.

D'altronde Ugr aveva preso in affitto una bella casa e la stava preparando per ricevervi la sposa. Non si sentiva molto tranquillo circa il proprio futuro, poiché la sua truffa presto o tardi sarebbe stata scoperta. Inoltre, nel momento in cui Fatùha fosse venuta a conoscenza del suo matrimonio con Qamar, nubi minacciose si sarebbero addensate sulla sua esistenza. Comunque si sarebbe potuto salvare dalla rovina contraendo il matrimonio e imparentandosi con la famiglia di al-Attàr, facendo poi fruttare il denaro traendone ingenti profitti e una enorme ricchezza. Si diresse al suq, dove incontrò Sahlùl.

"Ho del denaro che voglio affidare a te," gli disse, "poiché tu sei il migliore investitore."

"Da dove proviene quel denaro, Ugr?" domandò Sahlùl, che mai manifestava il proprio stupore.

"Allah soccorre chi vuole."

"Io non condivido con altri la mia ricchezza," rispose Sahlùl bruscamente.

"Allora insegnami, poiché l'insegnamento è una remunerazione," lo supplicò.

Sahlùl sorrise e disse:

"Il mio mestiere non si può insegnare, Ugr. Aspetta che torni Sinbàd".

Allora si recò da Nur al-Din, cognato del sultano. Il giovane, insospettito, gli chiese:

"Giurami che ti sei procurato il denaro in modo lecito".

Il suo cuore pulsava all'impazzata, tuttavia glielo giurò.

"Questo mese arriverà una nave. Torna per il fine settimana," disse Nur al-Din.

Ugr se ne andò, spaventato dal falso giuramento, ma tranquillizzò la coscienza dicendosi che avrebbe espiato i propri peccati con il pellegrinaggio, l'elemosina e il pentimento.

16.

Ugr si rese conto che l'incedere del tempo minacciava di distruggere le sue speranze e che, al contempo, non poteva certo fermarlo. Era impossibile riuscire a trattenere il gobbo nella sua prigione all'infinito. In città non si sarebbe potuto metterlo al sicuro da nessuna parte. Non gli restava alternativa che impossessarsi della sua promessa sposa per poi fuggire con lei sulla prima nave e iniziare una nuova vita in un paese lontano, una vita di ricchezza, amore e pentimento. Difendeva il proprio comportamento dicendosi che non era un malvagio e che aveva agito in quel modo spinto dalla privazione e dalla debolezza. Allah gli aveva donato la fortuna dei poveri e i desideri dei ricchi. Che colpa ne aveva? Verso sera si recò al Caffè dei Principi e con passo deciso si diresse al luogo dove erano seduti Hasan al-Attàr, Galìl al-Bazzàz e Fàdil al-Sanʿan. Gli fecero posto malvolentieri ed egli pensò: "Ieri mi disprezzavano, oggi mi odiano a morte". Alla fine della serata avrebbe comunque risolto la questione con al-Attàr e il giorno seguente sarebbe partito verso il fantastico mondo dei sogni. Vide Fàdil fissare attonito l'entrata del locale e invitare i compagni a guardare nella stessa direzione. Anche Ugr si voltò verso l'entrata: Shamlùl il gobbo, tutto tremante, li scrutava con occhi infuocati d'ira.

17.

La disperazione e la paura s'impossessavano sempre più della sua anima man mano che il gobbo si avvicinava con passi spediti. Si piazzò innanzi a loro con atteggiamento provocatorio. Con la voce acuta come un sibilo gridò:

"Maledetti zingari!".

In primo luogo si rivolse a Ugr:

"Mi hai tenuto prigioniero in casa tua, fingendo un'ospitalità che non ti ho mai chiesto".

Ugr non profferì parola e il gobbo proseguì:

"Mi ha liberato tua moglie non appena ha saputo del tuo matrimonio. A casa ti aspettano lampi e fulmini".

Quindi si rivolse agli altri tre:

"Avete picchiato l'uomo del sultano, mascalzoni! Sappiate che ogni uomo forte incontra sempre un uomo più forte e più temerario di lui. Riceverete quel che vi spetta!".

Di gran fretta uscì dal Caffè pallido dalla rabbia, lasciando alle proprie spalle una tempesta di risate. I volti dei tre uomini si erano irrigiditi, poi vennero sopraffatti dal timore e dalla rabbia e lanciarono a Ugr occhiate piene d'odio.

"Vile impostore," sussurrò Hasan al-Attàr. "Restituiscimi il denaro e annulla il contratto."

"Restituiscimi il denaro o ti spezzerò le ossa," lo minacciò Galìl al-Bazzàz.

"Inizialmente credevo fosse morto, Allah mi è testimone," disse Ugr.

"Dopodiché ti sei trasformato in un criminale impostore. Restituiscimi il denaro e annulla il contratto," insisté Hasan.

"Attenti allo scandalo," continuò Ugr sfidando la morte, "si diffonderà la notizia dell'ubriacatura, del tumulto e dell'aggressione. Fareste meglio ad accontentare il gobbo prima che vi denunci al suo padrone. Quanto ai soldi che mi avete dato, considerateli un'espiazione dei peccati commessi nel corso della vostra vita."

"Maledetto. Non ti rimarrà nemmeno un dirham, impostore."

Ugr si alzò di scatto e se la batté.

18.

La sicurezza svanì dal suo mondo e la luce della speranza si spense. Era il marito di Qamar, ma la donna era più lontana delle stelle. Era ricco, ma la morte lo minacciava. Conosceva più di chiunque altro l'accordo segreto tra al-Attàr e al-Bazzàz, da un lato, e Yusuf al-Tàhir, il governatore, e Humàn al-Fiqi, il segretario particolare, dall'altro. Fatùha lo attendeva impaziente a casa per conficcargli gli artigli nel collo. Com'era piccolo il mondo! Errò senza meta e sostò alcune ore sulle scale della fonte pubblica. Poi vagò tutta la mattinata nei luoghi più reconditi del quartiere. Certamente i suoi nemici avevano già cercato di ingraziarsi il gobbo e ora stavano progettando come vendicarsi di lui. Verso sera, attonito, si accorse di trovarsi nella piazza del tiro a segno. Improvvisamente notò la luce delle torce e un insolito trambusto.

19.

Che stava accadendo nella piazza? Forze di polizia circondavano un folto numero di accattoni per condurli in un luogo ignoto. Ugr udì un uomo che, non molto distante da lui, diceva a voce alta:

"Che strana decisione!".

L'uomo non era altri che il genio Sakhrabùt che aveva assunto sembianze umane e si pavoneggiava con una tunica che ne sottolineava le nobili origini.

"Che decisione, signore?" domandò Ugr.

Sakhrabùt si rallegrò di avere attirato l'attenzione di Ugr e rispose:

"Al nostro sultano, che Allah lo onori, l'astrologo di palazzo ha riferito che la situazione del regno migliorerà solo quando affiderà agli accattoni le proprie questioni. Per questo motivo il nostro signore ha ordinato di radunare i poveri della città al fine di scegliere tra le loro fila alcuni dignitari".

"Sei sicuro di quel che affermi?" chiese Ugr stupito.

"Non hai udito i predicatori?" rispose Sakhrabùt sorpreso.

Il cuore del barbiere fece salti di gioia. Questa orda umana avrebbe potuto cancellare in un solo colpo tutte le sue tristezze. Poteva essere la liberazione dal tormento e dalla disperazione, poteva essere dispensatrice di salvezza e autorità. Che avrebbero potuto fare i suoi nemici qualora egli fosse apparso sul balcone del governatore? Non esitò nemmeno un secondo e si intrufolò tra i vagabondi arrestati.

20.

Il torrente umano si diresse verso la residenza del governatore Yusuf al-Tàhir. Gli arrestati vennero condotti nel cortile sotto la sorveglianza delle forze di polizia alla luce delle torce. Yusuf al-Tàhir giunse seguito da Humàn al-Fiqi. Il capo della polizia, Bayùmi al-Armal, li salutò e poi disse:

"Costoro sono quelli acciuffati questa sera. Ne condurremo altri".

"Ritieni davvero che avranno fine i delitti, i furti e gli assalti per le strade?" domandò Yusuf al-Tàhir.

"È quel che speriamo," rispose Bayùmi al-Armal.

A un cenno del governatore, i poliziotti iniziarono a spogliare gli arrestati dei loro stracci. Ugr rimase a lungo atterrito, convinto di essere destinato a una disgrazia, paragonate alla quale tutte le altre preoccupazioni svanivano. Il frustino s'abbatté su di loro e le grida di Ugr dilaniarono l'aria ancora prima che giungesse il suo turno. Comunque ricevette la propria dose di frustate. Quando iniziarono a condurli in prigione, Ugr, rivolgendosi al governatore, gridò:

"Oh rappresentante del sultano. Per amor di Allah, guardami. Non sono uno di loro, sono Ugr il barbiere. Il capo della polizia mi conosce, mi conosce anche il segretario particolare, sono amico di Nur al-Din, il cognato del sultano!".

Bayùmi al-Armal lo guardò attonito, poi affermò:

"Ma io non ti ho arrestato!".

"Le cose si sono complicate, è uno scherzo di Satana!" urlò Ugr.

Yusuf al-Tàhir ordinò che venisse liberato e che gli fossero restituiti gli abiti. Improvvisamente il governatore prese a osservare interessato un borsello che recava alla cintola. Ugr iniziò a tremare e nascose il borsello con le braccia. Il governatore, insospettito, ordinò che lo prendessero e ne controllassero il contenuto. Al vedere la collana di diamanti esclamò:

"La collana di Zahriyàr! Sei un ladro assassino. Arrestatelo!".

21.

Il giorno seguente iniziò con l'interrogatorio di Ugr. L'uomo narrò la propria storia e giurò su quel che c'era di più sacro di aver detto la verità. Vennero convocati Hasan al-Attàr e Galìl al-Bazzàz che testimoniarono contro di lui, denunciandone l'ipocrisia e la truffa. Yusuf al-Tàhir ordinò che venisse decapitato e tutto il quartiere si riunì in piazza per assistere all'esecuzione. Ma poco prima dell'ora stabilita, giunse il visir Dandàn assieme a un temibile corteo.

22.

Immediatamente Dandàn, Yusuf al-Tàhir, Humàn al-Fiqi, Bayùmi al-Armal e Ugr il barbiere vennero convocati a consiglio presso la residenza del governatore.

"Il sultano mi ha ordinato di riaprire il processo," comunicò Dandàn.

"Udire è obbedire, signor visir," rispose Yusuf al-Tàhir.

"Il folle ha fornito informazioni che il nostro sovrano vuole verificare."

“Il folle, quello che sostiene di essere Gamasa al-Bulti?” chiese Yusuf al-Tàhir attonito.

“Proprio lui.”

“E il sultano gli ha creduto?”

“Sono qui per interrogarvi,” ribatté Dandàn brutale, “non affinché voi mi interroghiate.”

Regnò un silenzio carico di terrore. E Dandàn domandò a Yusuf al-Tàhir:

“Hai due sorelle, una viva e l’altra scomparsa?”.

“Sì, mio visir.”

“È vero che conducevano una vita dissipata e immorale?”

“Se lo avessi saputo, non lo avrei certo taciuto,” rispose Yusuf al-Tàhir con la voce tremula.

“Al contrario, sono state loro due che ti hanno messo a tacere offrendoti denaro ottenuto illecitamente!”

“Sono solo le fantasie di un folle,” commentò il governatore.

Dandàn si voltò verso Humàn al-Fiqi, il segretario particolare, e disse:

“Si dice che tu sappia tutto quel che c’è da sapere a questo proposito. Per ordine del sultano, comunicaci quel che sai. E attento a non mentire altrimenti ti verrà mozzata la testa”.

Humàn al-Fiqi crollò definitivamente e, facendo il possibile per salvare la pelle, confessò:

“Tutto quel che è stato detto è vero, non c’è dubbio”.

“Che cosa sai sulla scomparsa di Zahriyàr?” chiese Dandàn facendosi scuro in volto.

“Ho svolto personalmente l’inchiesta ed è risultato evidente che era stata la sorella Gulnàr a ucciderla, spinta dalla gelosia.”

Ugr venne invitato a prendere la parola e raccontò la propria versione dei fatti, dal momento in cui si innamorò di Gulnàr sino a quando si intrufolò tra gli accattoni arrestati.

23.

Sottoposero l’intera questione al sultano Shahriyàr, il quale ordinò la destituzione dall’incarico di governatore di Yusuf al-Tàhir per motivi collegati alla sua famiglia e la destituzione di Humàn al-Fiqi per avere coperto il proprio superiore. Hasan al-Attàr, Galìl al-Bazzàz e Fàdil al-Sanʿan vennero frustati per l’ubriacatura e il tumulto, mentre Ugr venne rilasciato, ma il denaro che aveva guadagnato con la truffa gli venne confiscato.

Quando Dandàn si trovò da solo con la figlia Shahrazàd le disse:

"Il sultano è cambiato, è diventato una persona nuova, piena di misericordia e di senso della giustizia".

"Ma c'è ancora una parte in lui di cui non ci si può fidare," rispose Shahrazàd, "e le sue mani grondano ancora di sangue innocente."

Quanto a Ugr dimenticò la perdita del denaro grazie alla felicità della salvezza. Annullò immediatamente il contratto matrimoniale con Qamar e si diresse alla palma non molto distante dalla lingua verde di terra. Si chinò verso il folle che stava seduto a gambe incrociate sotto la palma e lo ringraziò dicendo:

"Ti devo la vita, buonuomo!".

ANÌS AL-GALÌS

1.

Shahriyàr e Dandàn s'immersero nella notte, seguiti da Shabìb Rama. Ogni movimento umano era svanito. Alla luce delle lanterne disseminate per la strada, le case, le botteghe e le moschee parevano addormentate. La calura estiva si era attenuata e le stelle brillavano in cielo.

"Che pensi dell'accaduto?" domandò Shahriyàr.

"Si spera che Sulaymàn al-Zayni diventi governatore e Fadl ibn Khaqàn segretario particolare," disse Dandàn.

"Quando i sudditi dormono, il bene e il male dormono. La comunità intera è innamorata della felicità, ma assomiglia alla luna occultata dalle nubi autunnali. Se il nuovo governatore sarà Sulaymàn al-Zayni cadranno gocce di pioggia dal cielo che purificheranno l'atmosfera di parte della polvere che vi ristagna."

"Ciò avverrà grazie ad Allah, l'Altissimo, e alla mano e alla sapienza del nostro sultano."

"Tuttavia la severità," aggiunse Shahriyàr dopo un istante di meditazione, "deve restare uno strumento a disposizione del sultano."

Dandàn rifletté a sua volta, poi rispose cautamente:

"Sapienza, non severità, questo è ciò cui aspira il nostro sovrano".

Il sultano scoppiò in una risata che infranse il silenzio della notte.

"Non sei che un ipocrita, Dandàn. Che cosa ha detto il folle? Ha detto che se la mente è sana anche il corpo è sano, poiché la rettitudine e la corruzione scendono dall'alto. Mi ha fissato con uno sguardo che solo i folli posseggono, tuttavia conosceva tutti i segreti del caso. Come poteva sapere tutto ciò?"

"Come posso sapere, mio signore, che cosa passa per la testa dei folli?"

"Ha affermato di conoscere tutte quelle notizie da quando era capo della polizia."

"Continua ad affermare di essere Gamasa al-Bulti, sostiene che la testa di Gamasa al-Bulti appesa sulla porta di casa sua è falsa. Forse è davvero uno di quegli uomini con doti soprannaturali."

"Shahrazàd mi ha insegnato a credere che la logica umana inganna e ci immerge in un mare di contraddizioni," commentò Shahriyàr come se stesse parlando tra sé e sé. "Ogni volta che giunge la notte, mi ricorda che sono un poveraccio."

2.

"Sto morendo dalla noia," disse Zarmabàha a Sakhrabùt.

"No, vedrai che ci saranno concesse altre occasioni e altre ancora verranno create, corona dell'intelligenza."

La voce di Qumqàm giunse dall'alto dell'albero e disse:

"Se echeggiano le vostre proteste è un segno di allegria e di liete novelle".

"Sei solo un vecchio impotente," sogghignò Zarmabàha ironica.

"La terra risplende della luce del suo Signore," affermò Singàm seduto a fianco di Qumqàm, "Gamasa al-Bulti e Nur al-Din, l'innamorato, contemplano questa luce giorno e notte. Anche Ugr rimane in bottega pentito della propria curiosità. Quanto a Shahriyàr, il sanguinario, è guidato da un impeto che pervade il suo corpo accecato dal sangue versato."

"Tu vedi solo l'ombra muta delle cose," disse Sakhrabùt burlandosi di lui. "Sotto le ceneri ci sono solo tizzoni ardenti e il domani ti desterà dal torpore della cecità."

3.

Il tutto iniziò con una voce delicata come la seta per poi rimbombare forte come un tuono. Quella sera, al Caffè dei Principi,

Ibrahim l'acquaiolo dimenticò le buone maniere e, dall'eccitazione, gridò:

"Questa mattina di buon'ora ho portato l'acqua alla Casa rossa".

"E allora, che c'è di strano in tutto ciò, stolto?" domandò con voce stridula Shamlùl il gobbo.

"Ho visto la padrona di casa, che Allah l'Eccelso Creatore la benedica!" rispose l'acquaiolo molto eccitato.

Le persone sedute a terra scoppiarono a ridere così come quelle sui divani.

"Guardate il vecchio pazzo!" disse Maʿrùf il ciabattino.

"Un suo sguardo," continuò Ibrahim dispiaciuto, "colma lo stomaco con dieci otri di vino della follia."

"Descrivila, Ibrahim," disse Abd al-Qàdir al-Mahini.

"È indescrivibile," esclamò l'uomo, "tuttavia chiedo ad Allah misericordia e perdono."

Due notti dopo Ragab il facchino riferì:

"Oggi ho fatto una consegna alla Casa rossa".

Videro crescere in lui l'emozione.

"Ho visto la padrona di casa. Cerco rifugio in Allah dalla forza della bellezza!"

Allah è testimone, non c'era nulla da ridere. I compagni più impazienti si affrettarono a porre domande. Accorsero al suq delle armi dove si trovava la Casa rossa. Era una grande dimora, vuota da molto tempo, ovvero da quando i suoi proprietari erano morti a seguito di un'epidemia. Le piante del suo giardino erano tutte rinsecchite. Era stata presa in affitto da una donna straniera proveniente da un paese sconosciuto, accompagnata da uno schiavo. Nel cuore della notte si udivano al di là del muro di cinta dolci melodie e arie incantate. Dicevano che probabilmente si trattava di una donna di facili costumi!

Ugr il barbiere, come pazzo d'amore, parlava di lei a tutti i clienti.

"Ha annientato il mio desiderio di pentimento e mi ha colpito con il dardo dell'eterno tormento," diceva. Oppure:

"Mi ha chiamato affinché le sistemassi i boccoli e le tagliassi le unghie. Se fosse stata pudica avrebbe chiamato un'ancella; sta di fatto che è un autentico fuoco incandescente".

Venne a sapere che la donna si chiamava Anìs al-Galìs. Si narravano storie contraddittorie sul suo conto, tanto da fare sorgere dubbi nelle menti delle persone che la descrivevano. C'era chi diceva che era bionda dalla carnagione chiara e chi diceva che aveva la carnagione olivastra e capelli rossi; alcuni sostenevano che fosse robusta mentre altri ne elogiavano la snellezza. Tutto ciò infiammava passioni segrete e i notabili e i benestanti della città si precipitarono alla scoperta dell'ignoto.

4.

Yusuf al-Tàhir fu il primo a prendere l'iniziativa. Era un uomo ricco e, da quando si era dimesso dal suo incarico, si annoiava a morte. Alla fine giunse il sollievo. Una notte si recò alla Casa rossa e bussò alla porta. Gli venne aperto dallo schiavo che gli chiese:

"Che cosa desideri?".

"Sono uno straniero che cerca ospitalità presso la gente nobile," rispose con l'ardimento di chi un tempo era stato governatore del quartiere.

Lo schiavo scomparve e, di ritorno, disse:

"Sia benvenuto lo straniero nella casa degli stranieri".

Lo fece accomodare in una sala le cui pareti erano decorate con arabeschi e il cui pavimento era coperto da tappeti persiani. C'erano divani provenienti da Antiochia, oggetti d'arte provenienti dall'India, dalla Cina e dall'Andalusia, uno sfarzo che si poteva osservare solo nelle residenze principesche.

Apparve una donna velata. La tunica damascata le conferiva un aspetto maestoso.

"Da che paese vieni, straniero?" domandò mentre si stava sedendo.

"La verità è che sono un amante della vita," rispose Yusuf sprizzando vitalità.

"Il sultano ci ha imbrogliati."

"Mi giustifica il fatto che un lettore della mano mi ha rivelato che vivo per la bellezza e che per quest'ultima morirò."

"Sono una donna sposata," rispose con tono serio.

"Davvero?" domandò impensierito.

"Ma non so quando il mio sposo mi raggiungerà."

"Parole oscure!"

"Certamente non sono più oscure delle tue!" sussurrò la donna con un pizzico di ironia.

Con civetteria sollevò il velo che le copriva il volto e Yusuf contemplò una bellezza che pareva creata per il suo amore, che avverava i suoi sogni fugaci. Perse la ragione e s'inchinò davanti alla donna. Estrasse di tasca una scatoletta in avorio, la aprì e la depose ai suoi piedi. Racchiudeva un gioiello che brillava come la luce del sole. Con la voce tremante disse:

"Nemmeno i gioielli della corona sono degni dei tuoi piedi".

Attese il giudizio che avrebbe deciso il suo destino.

"Il tuo regalo è accettato," rispose dolcemente.

La felicità della speranza lo fece tremare. Le abbracciò i piedi; dopodiché chinò il capo e li baciò.

5.

L'impresa di Yusuf al-Tàhir poteva essere paragonata all'apertura di una porta dalla quale entrarono ruggenti ondate di follia che, come un uragano, travolsero il quartiere intero e soprattutto i suoi figli più abbienti. Ai poveri restarono solo i sospiri. La Casa rossa, nel suq delle armi, attirava come una calamita l'attenzione di Humàn al-Fiqi, Hasan al-Attàr, Galìl al-Bazzàz e di tanti altri. Portavano regali su regali. I cuori vennero defraudati e le menti divagarono, mentre la smoderatezza e la stoltezza ebbero la meglio. Non pensarono alle conseguenze. Il tempo svanì e rimase solo l'attimo fuggente. Il mondo si smarrì sulle tracce della religione. Anìs al-Galìs era una donna affascinante, amava l'amore, amava la ricchezza e amava gli uomini. Era insaziabile ed estremamente esigente. Gli uomini impazzivano d'amore e di gelosia. Nessuno la possedeva, ma nessuno rinunciava a lei. Tutti, come una forza unica, precipitavano verso la rovina.

6.

Sahlùl non aveva mai assistito a un tale fermento. Egli era l'uomo delle aste ed era il primo a presentarsi quando qualcuno dichiarava fallimento. Il primo a cadere fu Humàn al-Fiqi, al quale non importava di aver perso i soldi, quanto di aver perso Anìs al-Galìs. Non lo impensieriva il destino delle mogli e dei figli, quanto la privazione e la lontananza dalla donna.

"Nulla può distruggere l'uomo più dell'uomo stesso," disse Humàn a Sahlùl.

"Nulla può salvare l'uomo più dell'uomo stesso," rispose Sahlùl.

"Le promesse sono fallite già da molto tempo," ribatté Humàn ironico.

Lo avevano seguito nella caduta Galìl al-Bazzàz e Hasan al-Attàr. Quanto a Yusuf al-Tàhir barcollava sull'orlo del baratro. Ugr, riferendosi alla crescente attività della propria bottega, disse a Sahlùl:

"Le disgrazie degli uni sono la fortuna degli altri".

"Vi sono criminali e vittime," commentò Sahlùl impassibile.

"Se tu l'avessi vista, anche tu saresti impazzito."

"È solo un sorriso di Satana."

"Mi stupisce che tu non ti sia innamorato di lei."

"Il destino ha stabilito che vi fosse una sola persona ragionevole in tutta una città di folli."

Una notte, mentre Sahlùl procedeva avvolto dalle tenebre, Singàm e Qumqàm gli sbarrarono la strada. Si scambiarono un saluto sacro.

"Guarda! La pazzia sta sconvolgendo la città come un uragano," esclamò Qumqàm.

"Ho vissuto milioni di anni e nulla è mai riuscito a stupirmi," ribatté Sahlùl.

"Un giorno le loro anime, quando saranno gravate dai peccati, moriranno," commentò Singàm.

"Il pentimento può precedere la morte."

"Perché non ci è concesso di soccorrere i deboli?"

"Allah ha concesso loro qualcosa in più rispetto a voi: l'intelligenza e l'anima," rispose Sahlùl.

7.

Humàn al-Fiqi, barcollante per l'ubriacatura, si recò alla Casa rossa e bussò alla grande porta. La coppa della sua follia traboccava e lo aveva condotto sino alla porta della salvezza, ma non gli venne aperto.

"Apri, chiave delle porte!" urlò adirato nel cuore della notte.

Ma nessuno prestò attenzione alle sue grida. Si ritirò sotto il muro di cinta dell'edificio con ostinazione. Poco dopo vide una figura venirgli incontro. Quando ne poté osservare il volto, alla luce di una lanterna, riconobbe il suo superiore di un tempo, Yusuf al-Tàhir. S'infuocò dalla rabbia. L'uomo bussò alla porta che immediatamente si aprì. Humàn al-Fiqi si intrufolò con lui, ma lo schiavo gli sbarrò la strada dicendo:

"Scusa, Humàn".

Infuriato, sferrò al ragazzo un pugno al volto e Yusuf al-Tàhir, senza scomporsi, disse:

"Comportati come si deve".

"Il denaro e la fede sono scomparsi, che cosa mi rimane?" chiese disperato.

Yusuf al-Tàhir gli si avvicinò. E Humàn al-Fiqi si scagliò su di lui come una tigre e gli trafisse il cuore con un pugnale avvelenato. Lo schiavo lanciò un grido che terrorizzò coloro che stavano dormendo.

8.

Arrestarono Humàn al-Fiqi, che non cercò nemmeno di fuggire. Bayùmi al-Armal lo guardò compassionevole e disse:

"Mi dispiace, vecchio amico".

"Non ti dispiacere," rispose Humàn con serenità, "è solo un vecchio racconto che infiamma i cuori degli anziani, un racconto d'amore, follia e sangue."

9.

Lo schiavo disse ad Anìs al-Galìs:

"Cara Zarmabàha, tra poco Bayùmi al-Armal, il capo della polizia, onorerà la nostra casa con la sua visita".

"Tutto procede secondo i nostri piani, Sakhrabùt," rispose la donna, "attendiamo il suo arrivo."

"Consentimi di baciare la testa che contiene cotanta sagacia."

10.

Il processo a Humàn al-Fiqi durò solo pochi istanti. Subito fu decapitato. Il governatore Sulaymàn al-Zayni si riunì in consiglio con il capo della polizia in presenza del segretario particolare,

Fadl ibn Khaqàn, e del ciambellano Muʿin ibn Sawi. Rivolgendosi a Bayùmi al-Armal, al-Zayni domandò:

"Che cos'è quel che narrano i testimoni? Decine di uomini si sono rovinati e due uomini hanno perso la vita a causa di una straniera dissoluta? E tu dov'eri, capo della polizia?".

"Il vizio è un peccato segreto," rispose Bayùmi al-Armal, "che viene commesso mentre noi diamo la caccia agli sciiti e ai kharigiti!"

"No, no. Tu sei l'occhio della Legge divina. Interroga la donna e confiscale la ricchezza guadagnata in modo illecito. Compi il tuo dovere prima di essere convocato dal sultano per rispondere alle sue domande."

11.

Bayùmi al-Armal si trovava, accompagnato dai propri uomini scelti, nella sala di ricevimento della Casa rossa e osservava ciò che lo circondava con immenso stupore. Lo sfarzo del palazzo del sultano superava forse quello di questa dimora? La donna apparve con il volto coperto dal velo e vestita semplicemente.

"Benvenuto, capo della polizia, nella nostra umile casa."

"Senza dubbio sarete a conoscenza del delitto commesso sulla soglia della vostra dimora," disse bruscamente Bayùmi al-Armal.

"Non me lo ricordate," rispose la donna impressionata, "da quel momento non sono riuscita a chiudere occhio."

"Non credo una parola di quel che dite. Rispondete con sincerità alle mie domande. Come vi chiamate?"

"Anìs al-Galìs."

"Nome sospetto. Da che paese provenite?"

"Mia madre è indiana, mio padre è persiano, mentre mio marito è andaluso."

"Siete sposata?"

"Sì. Ho appena ricevuto una lettera da mio marito il quale mi comunica che in breve tempo sarà di ritorno."

"Egli è a conoscenza della vostra corrotta professione?"

"Che Allah me ne guardi. Sono una donna rispettabile."

Bayùmi al-Armal scosse il capo e chiese con tono ironico:

"E che cosa fanno gli uomini che ti visitano con tanta frequenza?".

"Sono amici, gente rispettabile del paese che si diletta discorrendo di Legge divina e letteratura."

"Maledetta! Per questo cadono in rovina e si uccidono tra loro?"

"Sono generosi, ma non ne ho colpa. Non sarebbe educato da parte mia rifiutare i loro doni. Non so come Satana abbia potuto infiltrarsi tra costoro."

"Ho l'ordine di confiscarti le ricchezze guadagnate in modo illecito," disse l'uomo ormai al limite della sopportazione.

Fece un cenno ai propri uomini che si sparsero per la casa alla ricerca di gioielli, pietre preziose e denaro. Il capo della polizia e la donna rimasero soli in silenzio. Egli lanciò sguardi indagatori al velo, ma invano. La donna non mostrò alcun segno di impazienza. Pareva essersi rassegnata al proprio destino.

"Da oggi in poi, mi guadagnerò forse da vivere vendendo i mobili della mia casa?" lo redarguì.

L'uomo alzò le spalle sprezzante, mentre Anìs sollevò il velo e disse:

"Mi scusi, ma la calura estiva è insopportabile".

Bayùmi la guardò e rimase folgorato. Non riusciva a distogliere lo sguardo dal suo volto, non poteva farne a meno. Nuotava nell'agitato oceano della follia. Trascurò il potere, il dovere e la speranza. Il capo della polizia si sotterrò con le proprie mani e dalla sua tomba uscirono cento e un genio. Mille mani lo spingevano ed era sul punto di precipitare. Nessuno lo poteva udire per via del rumore causato dai suoi aiutanti che perquisivano le stanze. Giunsero le guardie e le spie, ma Bayùmi si era perso per sempre.

"Ti chiedo di riflettere, capo della polizia," riprese la donna.

Desiderava risponderle bruscamente, come si confaceva alla situazione, ma al contempo desiderava risponderle dolcemente, come si confaceva alla situazione. Tuttavia rimase in silenzio.

12.

Verso la mezzanotte non riuscì più a resistere e si recò in segreto alla Casa rossa. Si presentò al cospetto della donna sottomesso, dicendo a se stesso che si trattava dell'imprevedibile destino contro il quale non poteva lottare. Anìs finse di non accorgersi della condizione dell'uomo e disse dispiaciuta:

"Capo della polizia, non c'è più nulla da confiscare!".

"Mi sono limitato a compiere il mio dovere," rispose Bayùmi con umiltà, "però c'è in me una parte misericordiosa."

Depose ai piedi della donna una borsa contenente una grossa somma di denaro. Ella sorrise dolcemente e sussurrò:

"Quanto sei generoso!".

Egli si inginocchiò umilmente e le abbracciò le gambe; poi s'inchinò e le baciò i piedi.

13.

Iniziarono a circolare lagnanze circa il denaro del Tesoro. I funzionari mormoravano che il denaro non veniva speso secondo la Legge divina come aveva ordinato al-Zayni. Le notizie giunsero al governatore, che inviò spie e intensificò la sorveglianza. Incaricò il segretario particolare, Fadl ibn Khaqàn, e il ciambellano Mu'in ibn Sawi di svolgere un'inchiesta segreta. Infine decise di convocare il capo della polizia, Bayùmi al-Armal, e di riferirgli di persona l'evidenza dei fatti. L'uomo apparve sottomesso e indifferente. Il governatore, stupito, commentò:

"Sembri un'altra persona, qualcuno che non conosco".

"Il vecchio edificio è crollato, mio signore," rispose affranto.

"Non posso nemmeno immaginare che tu abbia disperso il denaro dei musulmani."

"È la pazzia che mi soggioga a farlo," disse con lo stesso tono.

Bayùmi al-Armal venne giudicato e decapitato. Prese il suo posto Mu'in ibn Sawi. I beni di Anìs al-Galìs vennero nuovamente confiscati e una guardia venne posta a sorvegliare che nessun uomo entrasse più nella casa.

14.

Il caso di Anìs al-Galìs venne sottoposto al mufti, ma costui sentenziò che non c'era alcuna prova legale della sua depravazione. Mu'in ibn Sawi era impegnato a svolgere il proprio lavoro alle dipendenze della polizia, quando una donna chiese il permesso di incontrarlo. Egli guardò lo spesso velo con indifferenza e chiese:

"Chi siete e che cosa desiderate?".

"Sono Anìs al-Galìs, lesa nei propri diritti," rispose la donna adirata.

L'uomo la osservò attentamente e ritornò a chiederle:

"Che cosa desiderate?".

La donna sollevò il velo e disse:

"Mi avete confiscato i beni e ho quindi diritto a ricevere i proventi dell'elemosina e della decima; includi perciò il mio nome tra i mendicanti".

L'uomo non comprese il significato delle sue parole. Dimenticò innumerevoli cose, compreso se stesso. Invano cercò di chiedere aiuto alla propria coscienza. Scivolò e precipitò nel baratro. Udì la voce della donna ripetere quel che aveva appena detto senza però comprenderne il significato.

"Che vuoi dire?" le chiese, ormai rantolante.

"Includi il mio nome tra coloro cui spettano la decima e l'elemosina," ripeté Anìs ignorando la sua condizione.

"Quando ti porterò ciò di cui hai bisogno?" domandò il capo della polizia gettando dalla finestra la propria reputazione.

"Ti aspetterò non appena terminata la preghiera di mezzogiorno," disse la donna con civetteria.

15.

La donna ardeva di energia e vitalità, sicura che quello fosse il giorno decisivo per la sua vittoria. Rise a lungo. Detto fatto si recò dal segretario particolare Fadl ibn Khaqàn. Ripeté lo scherzo e la tragedia. Si diede appuntamento con lui dopo la preghiera del tramonto. Quanto a Sulaymàn al-Zayni, l'appuntamento venne fissato dopo la preghiera della notte. Nur al-Din, spirito innamorato e cognato del sultano, s'accordò per incontrarsi due ore dopo la preghiera della notte, inoltre redasse per lei una nota in cui chiedeva di poter incontrare il visir Dandàn e un'altra richiesta per essere ricevuta dal sultano Shahriyàr, con la scusa di ottenere giustizia e un equo trattamento. Tutti gli uomini crollarono, tutti si presentarono all'appuntamento e tutti persero la ragione, persino Dandàn e Shahriyàr!

16.

Mu'in ibn Sawi si recò all'appuntamento con impeccabile puntualità e con occhi che riflettevano la preoccupazione di un antico amore. Depositò la somma di denaro con l'entusiasmo di un bambino felice, vedendo nella splendida esistenza solo la sua brillante stella. Ebbro di passione, si prostrò ai suoi piedi. Trovò solo falsi sprazzi della felicità promessa, senza conseguenze. Una volta beveva dalle mani dello schiavo, un'altra da quelle di Anìs. Si eccitò a tal punto che iniziò a togliersi gli abiti, ritornando allo stato primordiale. Mentre si stava dirigendo verso il letto con la donna, lo schiavo irruppe nella stanza e le sussurrò qualcosa all'orecchio, a quanto pareva una notizia terribile. Si alzò in piedi e coprì il corpo voluttuoso con il mantello.

"È arrivato mio marito," sussurrò febbricitante.

L'uomo si riprese immediatamente dall'ebbrezza. Anìs gli afferrò la mano e lo trascinò in una stanza laterale dove lo fece entrare in un armadio che chiuse a chiave.

"Uscirai sano e salvo al momento opportuno," disse la donna tremante dallo spavento e dal terrore.

"Dammi i miei vestiti!" esclamò Mu'in.

"Li ho nascosti," rispose ella allontanandosi, "ora taci, non fiatare e non ti muovere, altrimenti ti ucciderò!"

17.

Gli uomini si succedettero: Fadl ibn Khaqàn, Sulaymàn al-Zayni, Nur al-Din, Dandàn e Shahriyàr. Tutti si arresero all'ammaliante richiamo. Bevvero senza ritegno, poi vennero condotti, nudi, negli armadi. Udirono le risate beffarde di Anìs al-Galìs e si resero conto di essere caduti in trappola.

"Domani, nel suq, venderò gli armadi e il loro contenuto," disse la donna. Scoppiò in una fragorosa risata e aggiunse:

"La gente del suq potrà osservare il sultano e gli uomini di stato nudi e in vendita".

18.

Quando Anìs al-Galìs ritornò nella sala di ricevimento, vide innanzi a sé il folle che la attendeva sereno. Iniziò a tremare terrorizzata. Che ci faceva lì? Perché aveva invaso la sua casa? Aveva forse udito quel che aveva detto agli uomini?

“Come hai potuto entrare nella mia abitazione senza invito né permesso?” chiese la donna.

“Ho visto susseguirsi, uno dietro l’altro, gli uomini e si è risvegliata la mia curiosità.”

Anìs batté le mani per chiamare lo schiavo.

“Se ne è andato,” disse il folle.

“Dove?” chiese adirata.

“Non ti preoccupare per lui e onora il tuo ospite.”

L’uomo portava i capelli lunghi con la scriminatura nel mezzo e una folta barba. Era scalzo e indossava un’ampia tunica bianca con un’apertura sul davanti che lasciava intravedere i peli sul petto. Sarebbe riuscita a farlo cadere in trappola? Gli si avvicinò, ma muovendosi svogliatamente. Per la prima volta il suo volto era inespressivo. Era una tentazione, ma solo per i sani, non per i folli. Anìs si avvicinò al tavolo ancheggiando e disse:

“Se hai fame, mangia”.

“Non sono un mendicante,” rispose sprezzante.

“Ci sono delle bevande!”

“La mia testa è già piena di una botte di vino.”

“Non sembri ubriaco.”

“Perché sei cieca!”

“Che cosa vuoi?” domandò la donna corrugando la fronte.

“Com’è che vivi in un palazzo isolato, lontana dai piaceri della vita?” chiese il folle a sua volta.

Ella si guardò intorno con il cuore in gola.

“Non ti piace tutto questo splendore?”

“Vedo solo pareti tra le quali alita il vento dell’antica peste.”

Era giunto il momento di spogliarlo come gli altri. Tuttavia la donna rimase inerme davanti alla sua temeraria follia. Fallirono tutti i tentativi e gli stratagemmi. Anìs gli voltò le spalle per riflettere. Le sue labbra pronunciarono parole ignote, ma il coraggio non accorse in suo aiuto. Qualcosa di simile a un incubo l’assalì, i suoi nervi si rilassarono. Lasciò che i flutti della trasformazione si impossessassero di lei. I lineamenti del suo volto si dissolsero e si estesero sino a diventare una massa rigonfia. La graziosa figura crollò, la grazia e l’eleganza spiccarono il volo. Con una rapidità incredibile rimasero della donna solo frammenti sparsi che si trasformarono in fumo, per poi scomparire senza lasciare traccia alcuna. Subito dopo sparirono i divani, i cuscini, i tappeti e gli oggetti d’arte. Le luci scomparvero per lasciare il posto alla triste oscurità. Il folle fece un fagotto con gli indumenti degli uomini, li gettò da una finestra e si diresse alla stanza degli armadi.

19.

"Non vi dispenserò dal castigo, ma ho scelto per voi una lezione che vi sarà utile e non pregiudicherà i servi di Allah," disse il folle rivolgendosi alle persone rinchiuse negli armadi.

Aprì tutti i chiavistelli, poi se ne andò.

20.

Gli uomini uscirono dagli armadi con circospezione. Pervasi dall'angoscia e dalla vergogna non aprirono bocca. Spogliati nel corpo e nell'onore, si affrettarono nelle tenebre. Cercavano gli indumenti o qualsiasi cosa con cui coprire le loro nudità. Il tempo trascorreva senza pietà, la luce del giorno si avvicinava e lo scandalo guizzava come un fulmine nell'oscurità. Brancolavano nel buio con le braccia distese in avanti. Nessuna traccia di un oggetto, nessuna traccia di vita. Poteva trattarsi di un incubo o di un'illusione, tuttavia lo scandalo era reale. Tutto ciò significava umiliazione e disperazione. Raggiunsero la porta seguendo tastoni una parete mentre il tempo li inseguiva. Quando respirarono l'aria della strada, elevarono una preghiera e alcuni iniziarono a piangere. La città era deserta. Che fortuna! Corsero scalzi e senza abiti nella notte, bagnati dagli sputi della dignità e sovrastati dall'onta, mentre il peccato ricopriva i loro volti con uno strato grigio pallido.

QÙT AL-QULÙB

1.

All'inizio dell'autunno, il folle stava salmodiando le preghiere supererogatorie dell'alba sotto la palma quando udì la voce dell'abitante dell'acqua che lo chiamava. Accorse alla riva del fiume e disse:

"Benvenuto, fratello Abd Allah del mare".

"Sono meravigliato del tuo comportamento."

"Perché?"

"Un tempo hai ucciso molti pervertiti. Perché mai ora perdoni coloro che hanno commesso peccati infamanti?"

"Mi sono impietosito perché stava facendosi giorno e temevo che i sudditi, al risveglio, non trovassero né il sultano, né il visir, né il governatore, né il segretario particolare, né il capo della polizia, incastrati dal peggiore dei mali."

"Hai recuperato la tua saggezza?"

"Li ho visti con i cuori colmi di vergogna, dopo avere provato la debolezza umana."

"Nel nostro regno marino," bisbigliò Abd Allah del mare, "la vergogna è una delle dieci caratteristiche che devono possedere i nostri governanti."

"Maledetti coloro che sono governati da chi non possiede la vergogna," esclamò il folle.

2.

Il facchino Ragab si attardò fuori dalle mura della città. Al ritorno, avvolto dall'oscurità, vide delle ombre entrare nel cimitero. Si chiedeva che cosa avesse spinto lì quelle persone prima dello spuntare dell'alba. Il cuore lo incitò ad addentrarsi nel mistero. Immediatamente scavalcò il muro e, caduto a pancia in sotto, notò per terra la debole luce di una torcia dimenticata da una delle ombre. Vide un gruppo di schiavi che apriva una tomba isolata, come quelle destinate alla servitù; recavano una cassa da deporre nella fossa per poi ricoprirla di terra. Attese che se ne andassero. Pensò di andarsene anche lui, ma la cassa lo attirava. Che cosa conteneva? Perché l'avevano sotterrata a quell'ora tarda? Si scrollò di dosso la fatica e balzò nella corte. Con ansia e disperazione aprì la tomba ed estrasse la cassa. Non fosse stato per la sua forza e la sua abitudine a trasportare carichi non sarebbe riuscito nell'impresa. Manipolò la cassa sino ad aprirla e accese la torcia che portava sempre con sé quando era in viaggio. Diede un'occhiata e prese a tremare dall'ansia e dal terrore. Era una giovane schiava bella come la luna piena, con il viso scoperto e con un abito al posto del sudario. Era morta, non c'era dubbio, ma pareva stesse dormendo. Le circostanze della sepoltura lasciavano supporre che si trattasse di un delitto. Accortosi di essersi messo nei guai, fuggì subito senza pensare minimamente a riporre la cassa nella fossa o, per lo meno, a richiuderla.

3.

Saltò nel vuoto e trovò innanzi a sé una figura indistinta. Il cuore gli si fermò. Ma udì la voce di Sahlùl, il commerciante di mobili, che domandava:

"Chi va là?".

Cercando di celare la propria confusione, rispose:

"Ragab il facchino, maestro Sahlùl".

"Che ci facevi lì dentro?" chiese ironico.

"Il nostro Signore ci prescrive la riservatezza!"

Provò l'istinto di rivelargli che al di là del muro c'era una donna. Sahlùl rise e chiese sarcastico:

"C'è forse in questa città un solo uomo virtuoso?".

4.

La paura s'impadronì di lui. Prima di quel momento non aveva mai conosciuto situazioni pericolose. L'immagine del tappeto delle esecuzioni lo ossessionava come un destino oscuro. Recitò la preghiera dell'alba con il corpo, poiché la sua mente era occupata da atroci pensieri. Avrebbero trovato il cadavere e Sahlùl avrebbe testimoniato di averlo visto saltare il muro del cimitero. Egli sarebbe stato riconosciuto colpevole di aver trasportato la cassa. Doveva fuggire oppure confessare la verità prima che venisse scoperto il cadavere? Era legato a quella gente e a quella terra, non era come il suo collega Sinbàd che si era imbarcato. Inoltre godeva delle simpatie di Muʿin ibn al-Sawi, il capo della polizia. Doveva presentarsi e confessargli tutto.

5.

Subito dopo la preghiera, decise di presentarsi al cospetto di Muʿin ibn al-Sawi. Lo vide passare sulla sua mula, a capo delle sue guardie. Lo seguì e lo vide entrare nell'abitazione di al-Zayni. Attese che uscisse. Sulaymàn al-Zayni era furioso e in casa sua regnava il caos totale. Il governatore ricevette di malavoglia il capo della polizia e subito sbottò:

"Che cosa è successo a casa del governatore? Siamo forse ritornati all'epoca del disordine?".

Muʿin chiese che cosa fosse accaduto e il governatore rispose:

"Non c'è traccia della mia schiava Qùt al-Qulùb. È come se la terra se la fosse inghiottita".

"Quando è accaduto?" domandò Muʿin stupito.

"L'ho vista ieri e ora non so dove trovarla."

"Che dicono gli abitanti della casa?"

"Si pongono interrogativi come me e sono atterriti."

Muʿin rifletté un istante e disse:

"Forse è scappata".

Il volto di Sulaymàn al-Zayni avvampò dall'ira.

"Era la più felice delle schiave," esclamò il governatore. "Sarà meglio che tu la ritrovi." Pronunciò queste parole con piglio minaccioso.

6.

Davanti alla porta dell'abitazione del governatore, trovò ad attenderlo Ragab il facchino. Quest'ultimo chinò il capo prima di parlare:

"Signore, devo dirvi qualcosa".

"Sparisci dalla mia vista," lo interruppe l'altro, "credi che sia il momento opportuno per parlare, imbecille?"

"Abbiate pazienza, signore, si tratta di un omicidio. Il cadavere è fuori dalle mura e non è lecito ritardarne la sepoltura."

L'uomo lo ascoltò con interesse e chiese:

"Quale omicidio? E qual è il tuo ruolo in tutto ciò?".

Ragab gli raccontò velocemente la storia, mentre l'altro ascoltava con crescente interesse.

7.

Alle prime luci del giorno la cassa venne trasportata alla dimora del governatore. Sulaymàn al-Zayni, Mu'in ibn al-Sawi e Ragab il facchino si disposero intorno a essa. Il capo della polizia disse dispiaciuto:

"Ho trovato Qùt al-Qulùb, ma disgraziatamente era già cadavere".

Sulaymàn al-Zayni, oppresso dalle proprie emozioni, iniziò a tremare. Mu'in ibn al-Sawi aprì la cassa. Al-Zayni si chinò su di essa con il volto velato dalla tristezza e balbettò:

"Apparteniamo ad Allah e a Lui ritorniamo".

Mu'in chiuse la cassa e sussurrò:

"Che Allah ti conceda lunga vita e allevi le tue pene".

"Maledetto assassino!" esclamò Sulaymàn. "Rivelami i segreti che hanno sconvolto la felicità."

"Signore, è ancora un fitto mistero. Com'è uscita di casa? Dove l'hanno uccisa? Chi l'ha uccisa? Eccoti la testimonianza volontaria di questo facchino."

Ragab riferì la propria testimonianza, mentre Sulaymàn gli lanciava occhiate di fuoco.

"Porco," lo assalì il governatore, "tu sei l'assassino oppure un tuo conoscente."

"In nome del Signore dei cieli e della terra," disse il facchino tutto tremante, "non vi ho celato nemmeno una parola."

"Ti sei inventato la storia per occultare il tuo misfatto."

"Se non avessi detto la verità, non mi sarei recato di persona dal capo della polizia a confessare quel che avevo visto."

Tuttavia Muʿin ibn al-Sawi lo colse di sorpresa e disse:

"Hai mentito." Poi rivolgendosi al governatore aggiunse: "È stato arrestato sul luogo del delitto".

Ragab rimase attonito. Non credeva alle proprie orecchie.

"Che hai detto?"

"Che sei stato arrestato e che non ti sei presentato volontariamente," ripeté l'uomo.

"Come puoi affermare ciò?"

"Il dovere prima della pietà," rispose con finto disprezzo.

"Non sfuggirai al giudizio di Allah, impostore!" gridò Ragab.

"Confessa e ti libererai dallo spettro della tortura," disse al-Zayni.

"Il capo della polizia sta mentendo," esclamò Ragab disperato. "So solo quel che ho detto."

E, ricordando l'unico particolare che non aveva narrato, disse:

"Convocate Sahlùl, il commerciante di mobili, poiché l'ho incontrato nei pressi del cimitero".

8.

Sahlùl si presentò senza che la sua abituale calma venisse alterata. Gli fu domandato il motivo per cui si era venuto a trovare nei pressi del cimitero a quell'ora della notte ed egli rispose:

"Per via del mio mestiere, tutte le ore e tutti i luoghi sono uguali".

Narrò loro la storia del suo incontro casuale con Ragab nel momento in cui quest'ultimo stava saltando il muro di cinta del cimitero.

"Ritieni che sia l'assassino?" domandò Muʿin.

"Non ho prove," rispose Sahlùl serenamente, "inoltre non può esservi assassino senza una vittima. Dov'è la vittima?"

"In questa cassa."

"Fatemela vedere," disse accennando un sorriso carico di mistero.

Muʿin aprì la cassa e Sahlùl osservò un istante il cadavere, poi commentò:

"La ragazza respira ancora".

La speranza brillò negli occhi di al-Zayni e di Ragab, mentre Muʿin esclamò:

"Ti stai burlando di noi, criminale?".

"Chiama immediatamente un medico, altrimenti sarà troppo tardi," disse Sahlùl rivolgendosi ad al-Zayni.

9.

Il dottor Abd al-Qàdir al-Mahini arrivò subito e si apprestò a esaminare il "cadavere".

"È ancora viva!" disse sollevando il capo.

Il volto di al-Zayni si inondò di gioia, mentre quello di Muʿin ibn Sawi assunse il colorito diafano tipico dei morti.

"Le è stata somministrata una dose di narcotico sufficiente a uccidere un elefante!" aggiunse Abd al-Qàdir.

Il medico si prese cura della ragazza sino a quando vomitò tutto ciò che aveva nello stomaco e mosse il capo.

"Sia lode ad Allah, Signore degli oppressi!" esclamò il facchino.

"Sarà lei stessa a svelarci il segreto della storia," disse Sahlùl, mentre il capo della polizia lo trafisse con un'occhiata misteriosa.

10.

Trascorsero lunghi istanti, carichi di silenzio e tensione, poi Qùt al-Qulùb riprese conoscenza. Il primo volto che vide fu quello di al-Zayni e allungò la mano verso di lui come per chiedergli aiuto.

"Non temere nulla, Qùt," disse l'uomo con tenerezza.

"Ho paura," sussurrò la ragazza.

"Sei salva, sorridi..."

Quando vide Muʿin ibn Sawi, iniziò a tremare e gridò:

"Questa è la belva!".

Regnò uno spaventoso silenzio.

"Non so come," continuò Qùt, "ma mi ha condotta in una casa disabitata dove ha minacciato di uccidermi qualora non avessi ceduto ai suoi vili desideri. Da quel momento non ricordo più nulla."

Tutti gli sguardi si concentrarono sul capo della polizia.

"Cane traditore!" esclamò al-Zayni.

Lo privò della spada e del pugnale dicendo:

"Con che rapidità si diffonde la corruzione!".

Ordinò che lo mettessero in prigione e proclamò l'innocenza del facchino e del commerciante di mobili. Chiamò in disparte Sahlùl e gli disse:

"Sono in debito con te, Sahlùl, ma dimmi, sei forse esperto di medicina?".

"Niente affatto, mio signore," rispose il commerciante sorridendo, "tuttavia sono esperto della morte."

11.

Sulaymàn al-Zayni disse a Muʿin ibn Sawi:

"Non avrei mai immaginato che tu potessi essere un traditore. Credevo che la persecuzione che tutti noi abbiamo sperimentato ci avesse purificati e che la nostra vita si fondasse sulla giustizia e sulla purezza d'animo. Ed eccoti qui a tradire la nostra fiducia, a ricambiare la generosità con il disprezzo, perseguendo la corruzione e il delitto".

"Non nego nulla di quel che hai detto," rispose Muʿin, "abbiamo proclamato il nostro pentimento, ma Satana non si è ancora pentito."

"Non hai scuse. Sarai di insegnamento per tutte le persone che devono essere ammonite."

"Calma. Non sono una facile preda. Il male dilaga nella tua dimora."

"Sii maledetto!"

"Ho un complice," disse Muʿin con calma, "la signora Gamìla, tua moglie."

"Che dici!" esclamò il governatore, tremando dalla rabbia.

"Mi ha convocato spinta dalla gelosia e mi ha ordinato di liberarla della tua schiava preferita."

"Traditore, impostore!"

"Prima devi interrogare tua moglie."

"È una falsa supposizione che non ti salverà la testa."

"Chiederò un processo equo, che il castigo che spetta a me spetti anche a lei, poiché la Legge divina pende su tutti noi," disse l'uomo in tono di sfida.

12.

Da un giorno all'altro Sulaymàn al-Zayni divenne un uomo vecchio e sfinito. Non si diede pace sino a quando la moglie Gamìla confessò i suoi progetti. Ammise di essere stata l'artefice del delitto, ma l'uomo non volle crederle. Rendere nota la verità avrebbe significato la rovina della madre dei suoi figli e, contemporaneamente, quella della sua posizione sociale. Era evidente che egli era troppo debole per prendere la decisione appropriata. Era incline a perdonare entrambi, affinché Gamìla restasse accanto a lui e Muʿin mantenesse le proprie funzioni. Prese questa decisione, perdendo così l'onore.

Qùt al-Qulùb, da parte sua, comunicò che non si sarebbe trattenuta in quella casa un solo giorno di più, perché non si sentiva al sicuro. Fu costretto a liberarla e a versarle del denaro. Egli lasciò che la schiava se ne andasse portando via con sé la sua felicità.

13.

I cuori palpitavano di tristezza. Qumqàm e Singàm stavano conversando tra loro, mentre il folle e Abd Allah del mare erano afflitti per la perdita di coloro che si erano pentiti. Quanto a Qùt andò a vivere da sola in una bella casa, non le mancava nulla, ma era circondata dalla solitudine. Nonostante il suo padrone avesse soddisfatto la sua richiesta e si fosse mostrato generoso con lei, non riusciva a dimenticare l'affetto con cui egli l'aveva sempre trattata; l'amarezza della solitudine era un inferno che ardeva assieme all'amore frustrato. Ricevette molte richieste di matrimonio, alcune dettate dall'amore altre dall'avidità, ma le respinse tutte. Respinse Hasan al-Attàr così come Ibrahim al-Bazzàz. Altri, come Muʿin ibn Sawi, la desideravano da lontano, mentre Ragab il facchino si chiedeva:

"Non ha forse diritto chi è resuscitato a ottenere quel che desidera?".

14.

Accaddero fatti semplici cui nessuno prestò attenzione, ma che commossero i cuori dei loro protagonisti. Ibrahim l'acquaiolo si sposò con Rasmiyya, la vedova di Gamasa al-Bulti. Il Tesoro mise in vendita la casa di Gamasa al-Bulti e Sulaymàn al-Zayni ordinò che la testa di Gamasa venisse seppellita in una tomba offerta in beneficenza. Il folle assisté alla sepoltura della propria testa, pensando di essere il primo uomo ad accompagnare se stesso alla dimora eterna. Gamasa si rallegrò del matrimonio della propria vedova con Ibrahim l'acquaiolo, poiché la solitudine di Rasmiyya aveva iniziato a turbare la sua serenità. Muʿin ibn Sawi, frustrato dal rifiuto della bella Qùt, riprese i suoi loschi traffici con i commercianti e i ricchi. Inaspettatamente, quell'autunno cadde la pioggia.

15.

Tre figure indistinte si aggiravano silenziose nell'oscurità. Sotto la casa di Qùt al-Qulùb vennero raggiunte dal suono di un liuto e da una voce melodiosa che attraversava l'umidità autunnale.

Avanzare e retrocedere è usanza del tempo
tra gli esseri umani nulla permane.
Quanto orrore e oppressione ho subito,
da orrore e oppressione la mia vita è stata gremita!

Le tre ombre si fermarono.

"Questo è quel che cercavamo, Dandàn!" sussurrò uno di loro.

Shabìb Rama, il boia, bussò alla porta. Aprì una schiava che domandò chi fossero.

"Dervisci di Allah," rispose Shahriyàr, "che cercano una nobile compagnia."

La schiava scomparve qualche istante; tornò poco dopo e li condusse in un salone con soffici cuscini e tappeti. Davanti al divano principale c'era una tenda che li separava dalla padrona di casa.

"Desiderate mangiare qualcosa?" chiese Qùt al-Qulùb.

"No, desideriamo solo altre canzoni," rispose Shahriyàr.

La voce intonò una nuova melodia, procurando loro un'intensa emozione.

"Siete una cantante?" domandò Shahriyàr.

"No, uomini di Allah," sussurrò la donna.

"La vostra voce esprime una profonda tristezza."
"Quale essere vivente è privo di tristezza?"
"Che cosa vi rattrista? La vostra casa esprime felicità," domandò il sultano con delicatezza.
La donna si rifugiò nel silenzio e Shahriyàr riprese:
"Narrateci la vostra storia, poiché il nostro mestiere nella vita consiste nella cura dei cuori feriti".
Ella ringraziò e disse:
"Il mio segreto non può essere svelato, uomini di Allah".
Poiché insisteva nel proprio silenzio, i tre chiesero il permesso di andarsene. Il sultano, afflitto dal silenzio della donna, si chinò verso Dandàn e gli disse all'orecchio:
"Svelami il segreto di questa donna ostinata".

16.

Le richieste del sultano pesavano come montagne che Dandàn non riusciva a rimuovere, sino a che non le aveva soddisfatte. Il visir conosceva bene la sua rabbia quando non riusciva ad accontentarlo. Il sultano continuava a oscillare tra la retta via e il peccato, e la sua ira non si era ancora placata. Per questo motivo Dandàn convocò il governatore del quartiere, Sulaymàn al-Zayni, e gli descrisse la casa di Qùt al-Qulùb.
"In quella dimora abita una donna misteriosa che possiede una voce melodiosa e un dolore nascosto. Il nostro sultano desidera che il suo cuore sia una pagina aperta, senza segreti."
Al-Zayni sussultò poiché si accorse che sarebbe stato obbligato a confessare. Dandàn sarebbe ricorso a qualsiasi persona che fosse stata in grado di scoprire i segreti, primo fra tutti Fadl ibn Khaqàn. Prima o poi sarebbe giunto alla verità, per questo sarebbe stato preferibile confessare tutto a una persona vicina al sultano. Dopo tutto, egli era un uomo di retti principi e il suo cuore non godeva di un istante di sollievo a causa del suo agire. Preferì redimersi.
Confessò al visir il proprio segreto.

17.

Quando Shahriyàr seppe la verità dal proprio visir, s'infuriò e urlò:

"Muʿin e la moglie di al-Zayni, Gamìla, devono essere giustiziati".

Ma improvvisamente la sua ira svanì. Forse ricordò la fuga a piedi scalzi nel cuore della notte, inseguito dai peccati, forse ricordò che al-Zayni e Muʿin erano tra i migliori uomini che possedeva. In ogni caso licenziò i due uomini e ne confiscò le ricchezze. Ordinò altresì che Gamìla e Muʿin venissero flagellati. A Qùt al-Qulùb regalò diecimila dinari e le domandò con affetto:

"Che cos'altro desiderate?".

"Vi chiedo, mio signore, che perdoniate Sulaymàn al-Zayni," rispose la donna.

"Pare che tu continui ad amarlo..." commentò il sultano sorridendo.

Ella, arrossendo, chinò il capo, ma il sultano dichiarò con fermezza:

"Ho già ordinato di nominare nuovi uomini, la mia decisione è irrevocabile. Fadl ibn Khaqàn diventerà governatore, Haykal al-Zaʿfaràni sarà segretario particolare e Darwìsh Umràn capo della polizia".

Le lacrime colmarono gli occhi di Qùt al-Qulùb e Shahriyàr disse:

"Il suo perdono è nelle tue mani e forse per lui sarà meglio dell'incarico di governatore".

La donna baciò il pavimento ai suoi piedi, il sultano le ordinò di alzarsi e le chiese:

"Che hai deciso, ragazza?".

"Il perdono, signore."

1.

Nella quiete della notte, Gamasa al-Bulti, seduto sotto la palma, gridò:

"Allah, liberami da quel che è stato, Allah, liberami dal domani!".

E la voce di Singàm gli rispose:

"Anche noi desideriamo quel che tu desideri, tuttavia tra noi e la gente si erge una barriera di destini".

"Perché mai sono stati creati il nettare e il vino?" chiese Zarmabàha scoppiando in una fragorosa risata.

Shahriyàr continuava le proprie passeggiate notturne con due suoi uomini. Egli disse a Dandàn:

"Passano al mio fianco incessanti bisbigli, ma la mia testa perplessa continua a girare".

2.

Era magro, dal volto radioso e dallo sguardo sognatore, aveva un neo su ciascuna guancia e stava timidamente raggiungendo l'adolescenza. Ugr il barbiere lo osservò e disse:

"Hai imparato tutto quel che dovevi sapere; prendi i tuoi arnesi da lavoro e vai. Allah provvederà a te".

"Il nostro Signore ti proteggerà dalla malvagità di coloro che compiono atti illeciti," sussurrò Fatùha.

Il giovane se ne andò allegro e spensierato, e Ugr, come se stesse parlando con se stesso, disse:

"Possiede la bellezza di Nur al-Din. Che Allah gli conceda la buona sorte".

"Il mio amuleto che reca sul petto farà sì che non intraprenda la strada di suo padre," commentò Fatùha.

Ugr le lanciò un'occhiata avvelenata, ma non profferì parola.

3.

Iniziò a lavorare per strada e nelle botteghe, e tutti coloro che posavano lo sguardo su di lui dicevano:

"Che il grande Creatore ti benedica!".

Per l'ora di riposo sceglieva la scala della fonte pubblica, dove tra lui e Fàdil Sanʿan, il venditore di dolci, nacque ben presto l'amicizia. Una volta Fàdil lo invitò nella stanza d'albergo dove abitava e il ragazzo vide sua moglie Akramàn, sua madre Umm Saʿad e sua sorella Husniyya. Il suo sangue di adolescente ribollì, combattendo tra la timidezza e l'educazione religiosa ricevuta alla scuola coranica. Per questo motivo adduceva mille scuse ogni volta che Fàdil lo invitava. Avendo percepito la sua timidezza, Fàdil gli disse:

"Sei un giovane degno delle parole di Allah che abitano il tuo cuore".

"È una grazia divina," sussurrò Aladino.

"Che cosa provi quando vedi che i peccati distruggono le persone?" domandò Fàdil con circospezione.

"Tristezza e dispiacere."

"E a che serve tutto ciò?"

"Che cosa vuoi ancora?" chiese Aladino con il sospetto nello sguardo.

"Rabbia!"

E poi aggiunse:

"Il leone si merita il pasto migliore".

4.

Il quartiere stava festeggiando l'anniversario della nascita di Sidi al-Warràq. Le processioni sfilavano, le bandiere sventolavano e i tamburi e i flauti echeggiavano. La gente caritatevole e gli ipocriti si riunirono intorno alle ciotole di zuppa di pane. Nel gruppo dei notabili erano presenti Sahlùl, Hasan al-Attàr, Galìl al-Bazzàz, Sulaymàn al-Zayni, Muʿin ibn Sawi e Shamlùl il gobbo. C'erano anche Fàdil Sanʿan, Ugr il barbiere, Maʿrùf il ciabattino, Ibrahim l'acquaiolo e Ragab il facchino. Arrivò, per la prima volta da solo, anche Aladino, quello dei nei. Fàdil lo fece accomodare al suo fianco e disse:

"Se al-Warràq resuscitasse, sguainerebbe la spada".

Il sorriso di Aladino indicava che egli iniziava a conoscere l'amico. Dopodiché Fàdil, con tono denso di significato, riprese:

"Mentre la gente per bene non sguaina la spada".

"Si parla molto del pentimento del nostro sultano," affermò innocentemente Aladino.

"Talvolta però si pente del proprio pentimento," rispose Fàdil ironico, "e certamente non è il musulmano più meritevole di governare!"

Aladino volse lo sguardo verso un angolo alla propria destra, dimenticando, anche se solo per un istante, il discorso dell'amico. C'era un vecchio magro, dal volto allegro e ammaliante. Aladino sentiva che non lo stava guardando per caso e trovò gli occhi del vecchio ad attenderlo. Si trattava da un lato di un invito misterioso e dall'altro di una supplica. Provò la serenità e la tranquillità d'animo che si provano al dischiudersi di una rosa. Fàdil, accortosi che Aladino si era distratto dal discorso a causa dell'anziano, disse:

"Lo shaykh Abd Allah al-Balkhi è la principale autorità religiosa".

"Perché mi sta guardando?" domandò Aladino candidamente.

"E perché tu lo guardi?" ribatté Fàdil in tono enigmatico.

"La verità è che mi attrae," sussurrò il ragazzo.

Fàdil aggrottò le ciglia senza sapere che dire.

5.

Aladino, da solo, abbandonò i festeggiamenti con il cuore colmo dell'eco dei canti. Vagava nell'oscurità sotto la luce delle stelle, accarezzato dal tenue vento autunnale. Improvvisamente una voce profonda lo chiamò:

"Aladino!".

Si fermò e il suo cuore gli diceva che quella era la voce dello shaykh.

“Ti invito a essermi amico,” disse lo shaykh avvicinandosi a lui.

“Che piacevole invito, signore,” commentò Aladino timidamente. “Ma come potete conoscere il mio nome?”

Il vecchio non rispose alla domanda, ma aggiunse:

“La mia casa è frequentata da chi vuole”.

“Il lavoro mi occupa tutta la giornata.”

“Tu non sai qual è il tuo mestiere.”

“Sono un barbiere, mio signore.”

Senza badare alla sua risposta, lo shaykh chiese:

“Perché ti sei recato ai festeggiamenti per l’anniversario della nascita di al-Warràq?”.

“Mi piacciono questi festeggiamenti sin da quando ero piccolo.”

“Che sai di al-Warràq?”

“Che è un grande santo.”

“Eccoti la storia che era solito narrare: ‘Un giorno il mio shaykh mi diede due foglietti di carta affinché li gettassi nel fiume, tuttavia il cuore mi impedì di eseguire il suo ordine, quindi li lasciai a casa. Mi recai da lui e gli dissi di avere fatto ciò che mi aveva ordinato. L’uomo mi chiese: – Che cosa hai visto? –.

– Non ho visto nulla, – risposi.

– Allora non hai fatto quel che ti avevo detto! Torna al fiume e getta i due foglietti. – Ritornai dubitando della risposta promessami e li gettai in acqua. Si aprirono le acque e comparve un baule. Il coperchio del baule si aprì e i foglietti di carta caddero al suo interno. Dopodiché il baule si chiuse, e venne ricoperto dalle acque. Ritornai dallo shaykh e gli riferii l’accaduto.

– Adesso sì che hai gettato i foglietti, – commentò. Gli domandai di svelarmi il segreto ed egli rispose: – Ho scritto un libro sul sufismo al quale possono aspirare solo gli uomini perfetti. Mio fratello Khidr me lo ha chiesto e Allah ha ordinato che le acque lo raccogliessero per lui –.’ ”

Aladino rimase attonito e silenzioso. Camminarono insieme, lentamente, mentre lo shaykh diceva:

“Uno dei detti del Profeta trasmessi dalla tradizione dice: ‘La corruzione delle persone dotte si realizza per mezzo della necessità, la corruzione dei principi per mezzo delle tenebre, mentre la corruzione dei poveri per mezzo dell’ipocrisia’ ”.

“Che parole meravigliose!” sussurrò Aladino felice.

“Quindi non essere alleato di Satana,” disse lo shaykh con una voce che turbò la quiete della notte.

"Chi sono gli alleati di Satana?" domandò Aladino spinto da un ardente desiderio.

"Un principe senza istruzione, un sapiente senza virtù, un povero senza fiducia in Allah, e la corruzione del mondo nella corruzione di tutti costoro."

"Desidero comprendere," disse Aladino incuriosito.

"Abbi pazienza, Aladino. È solo l'inizio di una conoscenza reciproca sotto l'egida delle stelle, la mia casa è frequentata da chi vuole."

6.

Quella notte Aladino sognò che il folle si era recato da lui vestito solo di un'ampia tunica sul corpo nudo e che gli si era rivolto con queste parole:

"Fatti crescere la barba".

Aladino rimase stupefatto da una tale richiesta e il folle commentò:

"È solo una rete per pescare".

"Ma io sono un barbiere, non un pescatore."

"L'uomo è stato creato per essere cacciatore," esclamò il folle.

7.

Mentre faceva colazione, Aladino narrò ai genitori la storia dello shaykh Abd Allah al-Balkhi. Fatùha se ne rallegrò e disse:

"È una benedizione del nostro Signore".

Ugr invece lo ascoltò senza interesse e commentò:

"Sei solo un barbiere, e sufficientemente religioso, quindi sta' attento a non oltrepassare i limiti".

A causa di questa divergenza di opinioni marito e moglie discussero e si scambiarono parole pungenti.

8.

Sulla scala della fonte pubblica, Aladino ascoltò sorpreso i discorsi di Fàdil, poi gli chiese:

"Sei adirato con i nostri notabili?".

"Li conosci bene?" domandò a sua volta Fàdil.
"Talvolta mio padre mi porta nelle loro abitazioni come suo assistente. Ho visto da vicino Fadl ibn Khaqàn, il governatore del nostro quartiere, Haykal al-Zaʿfaràni, il segretario particolare, e Darwìsh Umràn, il capo della polizia."
"Ciò non significa che tu li conosca."
"Sono uomini incredibili. Quando uno di loro mi ha guardato, il cuore mi è balzato in gola: era Habbazalam Bazzàza, il figlio di Darwìsh Umràn. Mi parve di avere di fronte Satana."
"Hai visto Satana?"
"Non burlarti di me. È solo una sensazione."
Fàdil Sanʿan sospirò e disse tra sé e sé:
"Canaglie!".
"Com'è che ti sei fatto una cattiva opinione di costoro?"
"Non c'è fumo senza fuoco."
Aladino rifletté un istante e disse:
"Allah è presente".
"Ma noi facciamo parte dei Suoi strumenti, grazie ai quali compie il bene oppure sradica il male," esclamò Fàdil.
"Che vuoi dire, Fàdil?" chiese Aladino guardandolo fisso negli occhi.
"Desidero che tu sia mio amico e collega," rispose l'altro enigmaticamente.

9.

La sera si sedette nella semplice stanza di ricevimento nella casa di al-Balkhi, attendendo il suo arrivo. Erano le prime ore della notte e quella era la sua prima visita. Aveva udito suo padre Ugr narrargli una storia sullo shaykh, storia che lo aveva preoccupato e rattristato. Gli aveva detto che Darwìsh Umràn, il capo della polizia, aveva chiesto la mano dell'unica figlia dello shaykh per il proprio figlio Habbazalam Bazzàza. Era una giovane timorata di Allah, pura d'animo, che aveva appreso gli insegnamenti del padre; inoltre era assai bella. Aladino ricordava il volto diabolico di Habbazalam e quel che si narrava del suo comportamento; questo lo rese ancora più triste. Suo padre aveva raccontato anche che lo shaykh aveva ringraziato e si era scusato. Il capo della polizia si era, ovviamente, adirato ed era noto che chi provocava la sua rabbia non poteva più ritenersi al sicuro.

"Forse lo shaykh al-Balkhi non se ne rende conto?" aveva chiesto al padre.

"È risaputo che lo shaykh teme solo Allah," aveva risposto Ugr. "Ma il capo della polizia teme forse Allah?"

Si era recato a far visita allo shaykh con il cuore colmo di tristezza, ma non appena vide il suo volto radioso, Aladino dimenticò la propria tristezza e comprese che l'uomo temeva solo Allah. Lo shaykh si sedette a gambe incrociate su di un cuscino innanzi a lui e disse:

"Che sensazioni provi a visitarmi per la prima volta?".

"È come se vi conoscessi da quando sono nato," rispose Aladino con tutta sincerità.

"Ognuno di noi possiede un altro padre ed è felice chi lo scopre," disse lo shaykh sorridente.

"Quel che hai detto la notte dei festeggiamenti per al-Warràq ha catturato il mio cuore."

"Noi guidiamo alla retta via i ciechi che l'hanno smarrita. Che dice tuo padre?"

"Dice che mi devo dedicare al lavoro," rispose Aladino inquieto.

"Egli sta dormendo e si rifiuta di svegliarsi. Ma tu come ti giudichi, Aladino?"

Aladino non sapeva che cosa rispondere e lo shaykh gli chiese semplicemente:

"Che tipo di musulmano sei?".

"Sono un musulmano sincero."

"Preghi?"

"Sì, sia lodato Allah."

"Credo che tu non abbia mai pregato."

Aladino lo guardò attonito e lo shaykh disse:

"Per noi la preghiera scaturisce dal profondo fino a essere toccati e arsi dal fuoco."

Aladino tacque, sgomento, e l'uomo continuò:

"Devi avvicinarti all'Islam in modo nuovo, affinché tu possa diventare un vero credente. Quando la fede s'impadronirà di te, inizierai il cammino dal principio, se lo vorrai".

Aladino rimase in silenzio.

"Non voglio minimizzare l'asperità del cammino con parole mielate," disse lo shaykh, "poiché la luce della salvezza è un frutto negato a tutti tranne che ai suoi seguaci. Allah accetta da te meno di tutto ciò; chiede a ciascuno in proporzione alle sue aspirazioni."

Regnò il silenzio fino a che Aladino gli chiese:

"Tutto ciò presuppone che io lasci il mio lavoro?".

"Ogni shaykh ha un cammino. Per quanto mi riguarda, accetto solo coloro che lavorano."

"Verrò con tutto il cuore," assicurò Aladino.

"Vieni solo se spinto da un desiderio irresistibile."

10.

Si incontrò con Fàdil Sanʿan presso la fonte pubblica. Era una nuova persona. Fàdil, dubbioso, sussurrò impaziente:

"Quanto tempo mi hai tenuto con il fiato sospeso?".

"Sono confuso," rispose Aladino.

"Hai trovato la strada che conduce alla casa dello shaykh?"

"Sì. Ma come lo sai?"

"Riconosco la sua impronta."

Poi aggiunse:

"Sono stato a lungo con lui".

"Tu!"

"Sì."

"È uno shaykh puro."

"È questo e molto di più," confermò Fàdil chinando il capo.

"Forse l'impazienza ti ha tradito."

"Ho ricevuto da lui un'educazione che ha lasciato in me un segno indelebile, ma ho preferito allontanarmi dal mio io."

"Non comprendo, amico."

"Abbi pazienza. Tutto ciò si può capire solo con il tempo. Mi piacerebbe vederti come un soldato di Allah, uno dei suoi dervisci."

"In verità sono turbato."

"Il punto di partenza nella fede è durevole ed eterno. Il cammino dapprincipio è unico, poi inevitabilmente si scinde in due direzioni. La prima conduce all'amore e all'annullamento dell'io, l'altra conduce alla guerra santa. I primi si dedicano alla propria anima, i secondi si consacrano al servizio di Allah."

Aladino s'immerse in profondi pensieri, dimenticandosi del tempo.

11.

Darwìsh Umràn, il capo della polizia, e il figlio Habbazalam Bazzàza si dirigevano sulle loro mule dalla stazione di polizia alla loro dimora, mentre il sole scompariva dall'orizzonte. Passando dalla piazza del tiro a segno, il folle li guardò fisso, tagliò loro la strada e urlò a Darwìsh Umràn:

"Visita il tuo amico Muʿin ibn Sawi e recagli il mio saluto".

L'uomo procedette per la propria strada e Habbazalam domandò:

"Che cosa vuole il folle?".

"Un folle non è responsabile di quel che dice o fa," rispose il capo della polizia.

Però si rese conto che gli aveva ricordato il destino del capo della polizia e che si riferiva ai suoi misfatti. Anche suo figlio se ne rese conto, a prescindere dalla domanda posta, poiché era solito fare da intermediario tra il padre e i commercianti.

"I folli hanno un luogo che non abbandonano mai," esclamò Habbazalam adirato.

"Gode della simpatia del nostro signore, il sultano," commentò Darwìsh Umràn.

"A quanto pare quest'ultimo lo teme."

"Attento a quel che dici!"

"Che vergogna, padre!" gridò il giovane. "Non basta forse che lo shaykh abbia rifiutato di concedermi la mano di sua figlia?"

Darwìsh aggrottò le ciglia senza profferire parola.

12.

"Colui che è felice senza meritarlo, che la sua felicità si trasformi in preoccupazione, colui la cui affabilità non è al servizio del suo Signore, che la sua affabilità si trasformi in solitudine."

Tra le lezioni di religione che lo shaykh impartiva ad Aladino, sgorgavano dalla sua coppa anche aforismi illuminanti. Era come se il vecchio li rivolgesse a se stesso, ma il giovane li ascoltava confuso.

"Tutto è effimero tranne il Suo volto; chi gode dell'effimero sarà punito con la tristezza quando ciò che gli procura gioia svanirà. Tutto è inutile tranne l'adorazione. La tristezza e la solitudine nel mondo nascono quando si guarda a tutto tranne che ad Allah."

Aladino ricordò i sogni, i discorsi e i gesti e il mondo gli apparve come avvolto da una coltre di mistero. Ricordò suo padre e sua madre e venne pervaso dalla tristezza.

"Colui cui sono state concesse tre cose unitamente ad altre tre cose è indenne dai mali della vita: una pancia piena e un cuore soddisfatto, una povertà continua con la perenne astinenza, una somma pazienza con la costante invocazione del Suo nome."

Aladino pensò: "Noi rivolgiamo le nostre preghiere al Clemente e Misericordioso, nel nome del Clemente e Misericordioso". Lo shaykh gli chiese:

"A che pensi, figliolo?".

Si risvegliò dal torpore, con le guance arrossate, e disse:

"Solo la benevolenza del Misericordioso mi solleverà dalla confusione".

"Prima di ricevere il vino devi purificare il recipiente, pulendolo da ogni macchia."

"Che eccellente guida spirituale sei!" rispose sollevato.

"Tuttavia 'l'altro' si scaglia contro di noi quando la guida è assente!"

Comprendendo che si stava riferendo a Fàdil Sanʿan, Aladino chiese:

"Che pensi di lui, maestro?".

"È un giovane nobile che conosce quel che gli si addice e ne è soddisfatto."

"È sulla via dell'errore?"

"Persiste nell'errore in funzione delle sue aspirazioni."

"Allora il mio cuore è tranquillo," disse Aladino sollevato.

"Però devi conoscere te stesso."

"Egli è povero, ma ricco di preoccupazioni umane."

"Una scuola per la spada e una scuola per l'amore."

Aladino tacque e lo shaykh disse:

"Sia benedetto colui che può passare dal cuore delle cose al Signore delle cose. Se il mondo non torna alla mia memoria, come è possibile che torni alla memoria di coloro che non conoscono il mondo?".

Dopo avere pronunciato queste parole, lo shaykh continuò la lezione.

13.

Una notte lo shaykh lo ricevette nella solita stanza, tuttavia v'era una tenda appesa all'angolo destro. Aladino venne pervaso da impetuosi pensieri.

"Ascolta, Aladino!" disse lo shaykh.

Da dietro la tenda vennero mosse le corde del liuto e una voce melodiosa intonò:

La mia notte del tuo volto risplende
mentre l'oscurità tra la gente si diffonde.
La gente permane nella profonda oscurità
mentre noi godiamo del giorno la luminosità.

La voce tacque, ma la sua eco continuò a diffondersi nel profondo della sua anima.

"È Zubayda, mia figlia," disse lo shaykh, "è un'allieva sincera."

"Sono felice e onorato," rispose Aladino emozionato.

"Mi sono rifiutato di concedere la sua mano al figlio del capo della polizia."

Dopo un istante di silenzio, continuò:

"L'affido a te, Aladino".

"Ma io sono solo un barbiere ambulante," commentò Aladino con la voce tremante dall'emozione.

Lo shaykh recitò:

Un ospite la cui bellezza si è mostrata.
Come potrà la notte occultare l'alta luna piena?

"La persona umile," proseguì il maestro, "Allah la eleva a un rango superiore, mentre la persona vanitosa, Allah la umilia innanzi ai suoi servitori."

14.

Aladino si unì in matrimonio a Zubayda. Il giovane si trasferì nella dimora del grande shaykh. Ugr, Fatùha, Fàdil San'an, Sahlùl e Abd al-Qàdir al-Mahini parteciparono al semplice banchetto. Il folle, senza essere stato invitato, si unì a loro e prese posto alla destra dello sposo. Appena conclusi i festeggiamenti, Ugr ritornò a casa in compagnia di un gruppo di amici. Furono versate ancora molte coppe di vino, si danzò e si cantò sino all'alba.

15.

Pochi giorni dopo il matrimonio, il tranquillo quartiere venne turbato da eventi dolorosi, quando l'epidemia del male, con il suo volto oscuro, lo pervase. Un raro e prezioso gioiello scomparve dalla residenza del governatore e la moglie del governatore Fadl ibn Khaqàn ne soffrì molto. Tutto ciò riportò alla memoria del governatore gli strani incidenti, furti e omicidi, che di quando in quando agitavano il quartiere, fatti che portavano alla luce atroci cospirazioni e che si concludevano sempre con la morte o con la destituzione del governatore. L'uomo scaricò la propria ira su Darwìsh Umràn, il capo della polizia, il quale negò l'accusa che voleva i suoi uomini distratti e promise di acciuffare il malfattore e di trovare il gioiello.

Il capo della polizia sguinzagliò gli uomini dei servizi segreti in tutto il quartiere. Basandosi sulle informazioni ricevute, fece irruzione nella casa dello shaykh Abd Allah al-Balkhi, senza badare alle rimostranze dei suoi abitanti. La perquisì minuziosamente e trovò il gioiello nell'armadio di Aladino, dove vennero trovate alcune lettere che dimostravano la sua collaborazione con elementi kharigiti. Fu così che Aladino venne arrestato, tradotto in prigione e giudicato seduta stante.

16.

Nel frattempo la tristezza s'impadronì dei cuori degli abitanti del quartiere. Lo sconforto non regnava solo nel cuore di Zubayda, Fatùha e Ugr, ma tutti soffrirono per la sorte del bel ragazzo. Sostennero la sua innocenza e additarono il capo della polizia e suo figlio Habbazalam Bazzàza come i responsabili del crimine. Accrebbe i sospetti della gente un repentino favore concesso a Mu'in ibn Sawi, fatto che indusse tutti a credere che i responsabili del misfatto si fossero rivolti alla sua esperienza di ex capo della polizia per realizzare i loro piani. Ugr si recò a supplicare Fadl ibn al-Khaqàn e Haykal al-Za'faràni, ma ricevette da parte loro solo biasimo e rifiuto. Insisté con lo shaykh Abd Allah al-Balkhi affinché intercedesse in favore di Aladino, ma non ottenne dal maestro né una parola né un gesto. Gli avvenimenti si susseguirono con incredibile rapidità: Aladino venne giudicato e condannato a morte.

17.

Una fredda mattina d'autunno, le guardie condussero Aladino al tappeto delle esecuzioni, attraversando un'immensa folla. Aladino stentava a credere ai fatti.

"Sono innocente!" esclamava, "Allah mi è testimone."

Il giovane distolse lo sguardo dai volti che lo osservavano, gli uni con affetto gli altri con cattiveria. Levò il viso verso il cielo, nascosto dietro le nubi, e affidò il proprio destino al Creatore. Lo raggiunsero le grida della madre e della moglie e il cuore gli si infranse dal dolore. Ricordò, nonostante lo stordimento che lo pervadeva, che aveva sempre sperato di uscire dal torpore dell'anima per dedicarsi alla guerra oppure all'amore divino. Non avrebbe mai immaginato di cadere sotto la spada del boia. Molti dei presenti confidavano in un miracolo all'ultimo momento come era accaduto a Ugr e ad altri. Tuttavia la spada venne sollevata innanzi ai loro occhi nella cupa atmosfera per poi cadere spezzando tutte le speranze: la bella e nobile testa si separò dal corpo.

18.

A casa dello shaykh, Ugr si lamentò:

"Mio figlio era innocente".

"Innocente e puro," affermò Zubayda, "Allah mi è sufficiente."

Lo shaykh era seduto a gambe incrociate, taciturno e sereno. Non si muoveva, non manifestava tristezza alcuna. La figlia gli disse:

"Sono affranta, padre".

"Non hai fatto una sola mossa," lo rimproverò Ugr, "come se la questione non ti importasse."

Lo shaykh guardò la figlia, senza badare a Ugr.

"Pazienza, Zubayda."

Dopo qualche istante di silenzio, aggiunse:

"Una storia di un venerabile shaykh narra così: 'Caddi in una fossa e dopo tre giorni passò di lì una carovana di viaggiatori. Mi dissi che dovevo chiamarli, ma poi pensai che non era giusto chiedere aiuto se non ad Allah l'Altissimo. Quando si avvicinarono alla fossa, considerato che questa si trovava in mezzo alla strada, dissero: – Colmeremo la buca affinché nessuno vi cada –. Ero a tal punto preoccupato da perdere ogni speranza. Dopo aver riempito la buca se ne andarono. Pregai Allah l'Altissimo e mi abbandonai alla morte. Al sopraggiungere della notte udii un rumore in superficie. Si aprì un varco ed ecco innanzi a me un animale grande quanto un drago. Distese la sua coda verso di me e compresi che Allah lo aveva inviato a salvarmi. Afferrai la coda e raggiunsi la superficie. Poi una voce dal cielo mi disse: – Ti abbiamo salvato dalla morte con la morte –' ".

IL SULTANO

1.

Avvolti dall'oscurità, tre uomini camminavano vestiti come mercanti stranieri: Shahriyàr, Dandàn e Shabìb Rama. Si avvicinarono loro tre figure indistinte e quando si trovarono di fronte, una domandò:

"Che fate a quest'ora della notte?".

"Siamo mercanti stranieri," rispose Shahriyàr, "curiamo la noia con la brezza estiva."

"Siete miei ospiti, stranieri!"

Ringraziarono e s'incamminarono tutti insieme.

"Chissà chi è il nostro generoso ospite?" chiese Shahriyàr.

"Pazienza, nobile signore," disse la voce.

2.

Giunsero in riva al fiume e si diressero verso un'imbarcazione che li attendeva con le luci accese simili a stelle.

"I nostri impegni sono nel suq. Desiderate viaggiare?" domandò Shahriyàr.

"Stranieri," disse un'altra voce, "siete in presenza del nostro sultano Shahriyàr, quindi rivolgetegli il saluto e chiedete ad Allah che gli conceda la buona sorte."

Colti di sorpresa i tre uomini ammutolirono. Quale sultano? Quale Shahriyàr? Sbalorditi, rimasero come paralizzati.

"Salutate, stranieri!" disse un'altra voce.

Shahriyàr vinse lo stupore e decise di andare sino in fondo. Immediatamente s'inchinò davanti al presunto sultano, seguito da Dandàn e Shabìb Rama.

"Che Allah conceda splendore al volto del principe dei credenti, gli conceda lunga vita e renda eterno il suo regno."

Lo seguirono sinché il sultano si sedette su un trono sotto una pensilina che ricopriva l'imbarcazione. Si accomodarono su alcuni cuscini disposti innanzi al trono. Avvolta dall'aria primaverile sotto il sorriso delle stelle, la barca prese il largo.

3.

L'imbarcazione gettò l'ancora nei pressi della spiaggia di un'isola dove l'attendevano soldati con torce.

"Un altro regno mentre noi dormiamo!" bisbigliò Shahriyàr all'orecchio di Dandàn.

"Forse è colpa dell'hashish, signore."

"Ma dove trovano il denaro per permettersi tutto questo lusso?"

"Tra poco la verità parlerà con la sua lingua segreta," rispose il visir preoccupato.

Entrarono in uno sfarzoso padiglione dove trovarono ad attenderli un tavolo imbandito con cibo e bevande. Tutt'intorno un folto gruppo di persone mangiava a sazietà e beveva diffondendo un'inebriante allegria. Una schiava, da dietro una tenda, intonò:

Dentro di me la bocca della passione dice che ti ama.

"È un banchetto reale e noi siamo solo i sudditti," sussurrò Shahriyàr a Dandàn.

A un certo punto l'altro sultano esclamò:

"È giunto il momento di celebrare il giudizio divino".

"Non potremmo chiedere il permesso di andarcene per poi inviare qui l'esercito a cercarli prima che scompaiano?"

"Al contrario, resteremo. Desidero vedere con i miei occhi quel che succede, sono cose che non capitano nemmeno nella mia immaginazione."

Venne sparecchiata la tavola. Venne poi installato un podio

per il giudizio al centro del padiglione. L'altro sultano si accomodò sul podio, mentre il suo visir restò in piedi a destra e a sinistra il boia. Agli angoli si appostarono i soldati con le spade sguainate. Il vero Shahriyàr si sedette assieme ai due compagni, in mezzo a un gruppo di notabili cui era concesso seguire il giudizio divino.

4.

Dal podio l'altro sultano, rivolgendosi ai presenti, disse:

"Sia lodato Allah che ha reso possibile il mio pentimento dopo aver sparso fiumi di sangue innocente e aver privato delle ricchezze i musulmani. Egli sia lodato, Egli è generoso quanto a misericordia e perdono".

Il volto del vero Shahriyàr impallidì, pur rimanendo immobile. L'altro sultano continuò a parlare:

"Questo tribunale si è riunito per accertare un'accusa sollevata nei confronti di un uomo semplice. Se quel che dice è la verità, allora è stato perpetrato un delitto atroce nel quale l'innocenza è stata condannata a morte per conto della viltà, della bassezza e dell'ingiustizia. Che Allah ci aiuti. Che entri il teste d'accusa, Ugr il barbiere".

L'uomo entrò e si fermò davanti al podio, umile e sottomesso.

"Qual è la tua accusa, Ugr?" chiese il sultano.

"Il mio unico figlio Aladino," disse l'uomo con la voce tremante, "è morto, vittima di un complotto feroce e sleale."

"Quale fu l'accusa per cui lo decapitarono?"

"Cospirazione contro il sultano e furto di un gioiello appartenente a Qamar al-Zaman, la moglie del governatore Fadl ibn Khaqàn."

"Chi è, a tuo parere, l'artefice del complotto?"

"Habbazalam Bazzàza e suo padre, il capo della polizia Darwìsh Umràn, aiutati da Mu'in ibn Sawi che era già stato destituito per sovversione. Ha rubato il gioiello e lo ha nascosto nell'armadio di Aladino assieme a lettere false che lo presentavano come un traditore del sultano."

"E qual è il motivo del complotto?"

"Vendicarsi di Aladino perché aveva sposato Zubayda, la figlia dello shaykh al-Balkhi, il quale aveva a suo tempo rifiutato di concederla in matrimonio a Habbazalam Bazzàza per la sua pessima natura e il suo disdicevole comportamento."

"Possiedi forse qualche prova a sostegno di quel che affermi?"

"L'innocenza di Aladino è al di sopra di tutto. Chiedete di lui a ogni abitante del quartiere. Il complotto è una realtà in cui tutti credono. Se ci fosse stata una sola prova, avrei salvato la testa dell'innocente e virtuoso giovane. Depongo tutte le mie speranze nella giustizia del sultano e nella sua irraggiungibile influenza."

Immediatamente il sultano congedò Ugr il barbiere e convocò il governatore del quartiere, Fadl ibn Khaqàn. L'uomo si presentò al suo cospetto con i lineamenti del volto che ne rivelavano il timore e l'abbattimento.

"Governatore, non ho alcun dubbio che tu sia un uomo virtuoso. Ti ho prescelto dopo averti fornito educazione ed esperienza. Ti ordino, in nome di Allah l'Altissimo, di svelarmi il segreto concernente questo fatto, poiché, non c'è dubbio, lo conosci."

"Giuro di dire la verità," sussurrò il governatore con un filo di voce. Poi continuò:

"Dopo la morte di Aladino, venni a conoscenza di quello che la gente mormorava a proposito dell'innocenza di costui e la colpevolezza degli altri. Mi allarmai poiché sono un uomo educato in nome della vera fede. Ho sguinzagliato i miei investigatori segreti in tutto il quartiere e costoro raccolsero la verità dallo stesso Muʿin ibn Sawi, ubriaco. In quell'istante ho pensato di arrestare i colpevoli, certo...".

Il governatore tacque un attimo, poi disse umilmente:

"Certo ho sbagliato, mio signore, poiché sono io che ho giudicato Aladino e l'ho condannato a morte. Ho temuto le conseguenze della verità, poiché chi ha ucciso una persona può uccidere chiunque".

"Hai temuto le conseguenze per la tua reputazione e il tuo incarico di governatore?" domandò il sultano.

L'uomo chinò il capo e rimase in silenzio.

"Il tuo segretario particolare conosce la verità?"

"Sì, mio signore," rispose l'uomo rattristato.

"Allah possiede la Sua saggezza nella creazione. Noi possediamo la Legge divina. Per questo motivo stabiliamo che Muʿin ibn Sawi, Darwìsh Umràn e Habbazalam Bazzàza vengano decapitati. Al contempo stabiliamo che Fadl ibn Khaqàn e Haykal al-Zaʿfaràni vengano destituiti e i loro beni confiscati."

5.

Fu steso il tappeto delle esecuzioni; furono portati i colpevoli e il boia avanzò. In quel momento il vero Shahriyàr non riuscì più a trattenersi e gridò:

“Basta con questa farsa!”.

Le guardie fecero un passo in avanti e il sultano dal podio esclamò:

“Chi ti ha dato il permesso di parlare, folle straniero?”.

“Riprenditi dalla tua follia,” rispose il sultano con fermezza, “stai parlando con il sultano Shahriyàr.”

La sorpresa ammutolì i presenti. Dandàn e Shabìb Rama si schierarono al suo fianco con le spade sguainate. Il sultano estrasse di tasca il sigillo del sovrano e lo agitò sotto gli occhi dell'altro. Il falso sultano, riprendendosi dallo stupore, balzò giù dal podio e si inchinò ai piedi di Shahriyàr.

“Il tuo servitore Ibrahim l'acquaiolo,” disse con voce tremante.

“Che cosa significa questa farsa?”

“Perdonate mio signore,” rispose l'uomo terrorizzato, “concedetemi il permesso di narrare la mia storia e perdonate la mia stoltezza.”

6.

Ibrahim l'acquaiolo narrò la sua storia al sultano nella sala in cui si tenevano d'estate i consigli.

“Sin dalla mia gioventù, mio signore, sono sempre stato una di quelle persone che confidano in Allah. Mi procuro di che vivere dall'alba al tramonto, le mie entrate sono ristrette, ma il cuore è felice e mi accontento di fumare la pipa di hashish. Allah mi ha concesso un grande favore facendo sì che sposassi la vedova di Gamasa al-Bulti e non ho mai sognato di mangiare carne se non quella della festa dei sacrifici. Quando il figlio del mio amico Ugr venne ucciso, udii la gente mormorare e persi la serenità. Venni pervaso da una tristezza a me sconosciuta e mi dissi che eravamo poveri che potevano affidarsi solo ad Allah. Il destino mi ha però riservato una sorpresa che mai avrei immaginato. Ho trovato un tesoro sulla soglia di casa e sono diventato uno degli uomini più ricchi del quartiere. Pensai, ovviamente, di godere da solo della mia ricchezza, tuttavia il mio amore verso i poveri mi spinse lungo un altro cammino. Decisi quindi di creare un regno immaginario in cui tutti potessero essere uguali."

Shahriyàr sorrise e disse:

"L'hashish ti ha spappolato il cervello".

"Non lo nego, poiché una simile idea può venire solo a un fumatore di hashish. Gli accattoni hanno accolto l'idea con entusiasmo. Abbiamo scelto quest'isola deserta, mi sono nominato sultano e ho scelto visir, comandanti e uomini di stato tra la gente stanca e affamata. Ci riuniamo per mettere in scena il nostro gioco solo di notte. Allora trasformiano vagabondi erranti in grandi uomini di stato, mangiamo quel che ci pare e beviamo quanto ci pare. Parliamo di questioni di stato in base alla loro importanza. Il complotto che ha causato la morte di Aladino ci ha spinti a riunire ogni notte un tribunale in cui si giudica secondo giustizia, fatto impossibile nella realtà."

"Hai già dissipato la tua fortuna, fumatore di hashish?" chiese il sultano ironico.

"Ne rimane ancora ben poca, ma ci è servita ad acquistare una felicità inestimabile."

7.

La narrazione di Ibrahim l'acquaiolo colmò Shahriyàr di gioia. Il sultano disse a Dandàn:

"Recami tutte le informazioni disponibili sulla morte di Aladino, il figlio del barbiere Ugr".

"Troverete la chiave del segreto presso Fadl ibn al-Khaqàn," rispose il visir. "Convocatelo e mettetelo sotto torchio."

"Credi che potremmo prendere esempio dal sultano Ibrahim l'acquaiolo?"

"In verità è stato un processo ben fatto. Fatto che dimostra che l'hashish non gli ha spappolato completamente il cervello."

"Non nascondo che anch'io sono meravigliato del giudizio!" ammise il sultano.

Ecco quel che accadde: gli impostori vennero catturati e Muʿin ibn al-Sawi, Darwìsh Umràn e Habbazalam Bazzàza vennero decapitati, Fadl ibn Khaqàn e Haykal al-Zaʿfaràni destituiti e i loro beni confiscati.

IL BERRETTO CHE RENDE INVISIBILI

1.

“Abbàs al-Khalìgi, il governatore del quartiere, Sàmi Shukri, il segretario particolare, e Khalìl Fàris, il capo della polizia, non saranno facili prede della corruzione,” disse Sakhrabùt.

“Perché?” domandò Zarmabàha con ironia.

“Hanno ottenuto i rispettivi incarichi dopo avere assistito all'amara fine dei loro corrotti predecessori.”

“Lasciamoli governare sino a che il potere li corromperà e concentriamoci invece su questo vitale giovane, Fàdil Sanʿan.”

“È l'esempio vivente degli atteggiamenti che distruggono i nostri piani,” disse Sakhrabùt indignato.

“Che obiettivo importante per la nostra abilità e le nostre astuzie!”

“Sei una miniera inesauribile di idee, Zarmabàha!” esclamò Sakhrabùt con un tono di voce che sprizzava gioia.

“Studiamo un gioco insolito, degno della nostra reputazione.”

2.

Fàdil Sanʿan stava riposando sulla scalinata della fonte pubblica, al termine di una calda giornata estiva. Sentiva la mancanza di Aladino e supplicava, con il cuore affranto, che la misericordia divina proteggesse il suo amico. Si chiedeva adirato: “Quando giungerà il sollievo?”.

A un tratto notò un uomo dall'aspetto radioso che, sorridendo, si andò a sedere al suo fianco. Si scambiarono il saluto; l'uomo lo fissava con insistenza, come se fosse giunto lì solo per lui. Fàdil aspettò che l'uomo raggiante esprimesse i propri pensieri. Ma vedendo che non si decideva, disse:

"Non sei di questo quartiere, vero?".

"La tua intuizione è vera," rispose l'uomo in tono amichevole, "comunque ho scelto te."

Fàdil lo guardò con la circospezione che aveva acquisito a furia di essere inseguito dalle spie e gli chiese:

"Chi sei?".

"Non importa. La cosa più importante è che sono un uomo del destino e ho un regalo per te."

Fàdil si accigliò ulteriormente e domandò:

"Chi ti manda? Sii chiaro, non mi piacciono i misteri".

"Neanche a me. Eccoti un regalo che contiene tutta la ricchezza di cui hai bisogno."

Estrasse dalla tasca della sua ampia tunica un berretto mirabilmente ricamato con decorazioni policrome. Fàdil non aveva mai visto nulla di simile. Lo sconosciuto se lo infilò in testa e in un batter d'occhio divenne invisibile. Spaventato e confuso, Fàdil si guardò intorno.

"Sto sognando?" chiese. E udì la voce dell'uomo che sghignazzando gli chiedeva:

"Non hai mai sentito parlare del berretto che rende invisibili? Bene, è quello che hai davanti".

L'uomo si tolse il berretto e tornò a essere visibile, seduto accanto a Fàdil. Il cuore del giovane batteva all'impazzata.

"Chi sei?" domandò innervosito.

"Il regalo è vero e tangibile. Tutte le domande sono inutili."

"Davvero me lo regali?"

"Per questo ti ho prescelto."

"Perché proprio io?"

"Perché Ibrahim l'acquaiolo ha trovato il tesoro? Tu però non dilapidare il tuo tesoro come ha fatto lui!"

Fàdil pensò che il mondo era stato creato di nuovo e che doveva utilizzare il regalo per salvare l'umanità. Immediatamente il suo cuore venne colmato da nobili aspirazioni.

"Che pensi?" gli domandò l'uomo.

"Penso a cose belle che ti rallegreranno."

"Dimmi che farai con il berretto," chiese l'altro con cautela.

"Farò quel che mi detta la coscienza," rispose Fàdil raggiante.

"Puoi fare tutto quello che desideri tranne quello che ti detta la coscienza!"

Lo sguardo di Fàdil si raggelò e lo pervase una sensazione di disgusto e turbamento.

"Che vuoi dire?"

"Che puoi fare qualsiasi cosa, tranne quel che ti detta la coscienza. Questa è la condizione. Sei libero di accettarlo oppure di rifiutarlo. Bada però a non giocare d'inganno perché perderai il berretto e la vita."

"Allora mi stai istigando al male!"

"La condizione è chiara. Non fare quel che ti detta la coscienza, ma al contempo non commettere neppure malvagità."

"Allora che me ne faccio?"

"Vi sono molte cose che non sono né buone né cattive, che non sono utili ma nemmeno dannose. Sei libero."

"Ho sempre tenuto una nobile condotta."

"Continua a vivere come vuoi, ma con il turbante non con il berretto. Dopo tutto che hai avuto sinora? Povertà e talvolta la prigione."

"Sono affari miei."

"È giunto il momento di andarmene. Che mi dici?"

Il cuore di Fàdil era ansioso. Era un'occasione che non si sarebbe più ripresentata. Non poteva rifiutarlo. Rispose deciso:

"Accetto il regalo. Non ho nulla da temere".

3.

La mattina del giorno seguente Fàdil San'an s'aggirò per il quartiere libero, simile all'aria che regna, invisibile, in ogni dove. La nuova, magica esperienza s'impossessò di lui. Provò che cosa significasse essere uno spirito misterioso e mobile, e la gioia gli fece dimenticare tutto, compreso il lavoro quotidiano che gli faceva guadagnare il sostentamento. Si accorse, essendo invisibile, di potersi elevare e dominare, in tutto simile alle potenze occulte, di tenere le redini del potere e che il campo d'azione si estendeva infinito innanzi a lui. Erano vacanze uniche, durante le quali si riposava dal proprio corpo, dagli sguardi della gente e dalle leggi umane. Si immaginò quel che avrebbe potuto infliggere ai mascalzoni, ringraziò quindi la buona sorte che lo aveva prescelto tra tutti i sudditi. Ebbro di gioia si dimenticò persino di se stesso sino a notte inoltrata. Allora ricordò che Akramàn e Umm Sa'ad attendevano i dirham per poter preparare la cena e comprare gli ingredienti per confezionare i dolci. Preoccupato, si rese conto di non poter rientrare alla pensione con le mani vuote. Passò davanti a una macelleria. Il proprietario stava contando i guadagni della giornata mentre il garzone era seduto in un angolo. Fàdil decise di impossessarsi di tre dirham, la somma che solitamente guadagnava nel corso della propria giornata lavorativa, pensando di restituirli quando le cose sarebbero andate meglio. Entrò quindi nella bottega e prese tre dirham. Poi uscì in strada, con il cuore in gola, sentendosi in colpa per aver rubato per la prima volta nella sua vita. Guardò in direzione della bottega e vide il macellaio picchiare il garzone che venne cacciato e accusato di furto!

4.

Dopo cena pensò di divertirsi un po' facendo visita, con il berretto in testa, al Caffè dei Principi. Sarebbe stata un'occasione perfetta per fare qualche scherzo innocente, pur prestando attenzione a non compiere alcun misfatto come era accaduto nella bottega del macellaio. Per la prima volta vide tutti i volti noti senza che gli altri lo potessero vedere. Posò ironicamente lo sguardo su Hasan al-Attàr, Galìl al-Bazzàz, Ugr il barbiere, Shamlùl il gobbo, Sahlùl, Ibrahim l'acquaiolo, Sulaymàn al-Zayni, Abd al-Qàdir al-Mahini, Ragab il facchino e Ma'rùf il ciabattino. Udì Ugr il barbiere che domandava:

"Perché mai ritarda Fàdil San'an?".

"Forse si tratta di una disgrazia!" rispose Shamlùl il gobbo, ridendo a crepapelle.

Decise di punire il buffone. Il cameriere arrivò con i bicchieri di *karkadé* ed ecco che il vassoio si rovesciò sulla testa del gobbo, inondandolo con tutte le bevande che recava. Il gobbo balzò in piedi gridando, mentre il ragazzo era paralizzato dallo spavento. I presenti scoppiarono in una fragorosa risata. Il proprietario del locale rifilò uno schiaffo al cameriere e si scusò con il buffone del sultano. Eccedendo nella cortesia, il proprietario in persona servì i bicchieri di *karkadé*, che questa volta si riversarono tutti sulla testa di Sulaymàn al-Zayni! Si diffusero lo stupore generale e un'arcana allegria. Più di una persona commentò:

"Deve essere colpa dell'hashish".

Ugr, liberandosi da ogni freno inibitore e dimenticandosi delle proprie afflizioni, scoppiò a ridere. Ma non si godette la risata poiché venne raggiunto da un colpo alla nuca. Si voltò adirato e dietro di sé vide Maʿrûf il ciabattino. Gli sferrò un pugno sul viso e immediatamente i due iniziarono ad azzuffarsi. Sul locale regnarono le tenebre quando una pietra colpì la lampada principale. Nell'oscurità si moltiplicarono i colpi, divampò l'ira, tutti gridavano, si picchiavano sino a che, avvolti dalla paura e dalla follia, si riversarono in strada.

5.

Fàdil continuò a condurre una vita normale, con il berretto dell'invisibilità in tasca, da utilizzare all'occorrenza. Pensò che sino a quel momento aveva solo rubato e fatto qualche scherzo senza senso. Era ansioso e preoccupato. Pensò che non poteva lasciarsi sfuggire una tale occasione. Non aveva avuto tempo per riflettere attentamente sulla propria situazione, ma a che scopo? Se era impossibile compiere del bene con l'ausilio del berretto, che poteva farsene? Al tramonto stava riposando sulla scalinata della fonte pubblica accanto a un venditore ambulante di angurie. Un uomo si avvicinò per comprarne una e, accortosi che si trattava di un guardiano della prigione celebre per le torture che impartiva ai prigionieri, Fàdil iniziò a tremare. Lo vide dirigersi con l'anguria verso un vicolo vicino, dove probabilmente abitava, e lo seguì. Accertatosi che nessuno lo osservava, si infilò il berretto e divenne invisibile. Dimenticatosi della promessa fatta, estrasse il coltello che utilizzava per tagliare i dolci. Per lo meno avrebbe visto come l'uomo che gli aveva regalato il berretto gli avrebbe impedito di fare quel che voleva. Si posizionò alle spalle del guardiano, il quale non si era accorto della sua presenza, e gli assestò una pugnalata mortale al collo. L'uomo, grondante di sangue, stramazzò a terra.

Fàdil fu inebriato dalla sensazione di vittoria. Poteva fare quel che desiderava. Non abbandonò il luogo, poiché desiderava assistere al susseguirsi degli eventi. La gente si accalcò alla luce delle torce. Arrivò la polizia e udì il carceriere pronunciare il nome del venditore di angurie, prima di spirare. Vide la polizia arrestare l'innocente venditore. Fàdil si stupì e si spaventò. Che rapporti intercorrevano tra il carceriere e il venditore di angurie, affinché l'uno accusasse l'altro? Incapace di reprimere la propria agitazione, pensò: "L'unica soluzione è salvare l'uomo innocente".

In quel momento vide innanzi a sé il proprietario del berretto.

"Attento a non infrangere il patto."

"Non mi hai forse lasciato uccidere il criminale?" chiese Fàdil atterrito.

"No," rispose l'altro, "non hai ucciso il criminale, bensì il suo fratello gemello, uomo dalla condotta irreprensibile."

6.

Dal furto agli scherzi, dagli scherzi all'omicidio. Era caduto nel precipizio. Quando il giorno seguente decapitarono il venditore di angurie, Fàdil venne pervaso da una crescente disperazione. Iniziò a vagare per le strade con il volto simile a quello di un folle. Si odiava a tal punto che iniziò a odiare anche il mondo e i suoi sogni immortali.

"Confessare e affrontare il castigo. È tutto quel che mi rimane," pensò. Vide innanzi a sé l'uomo.

"Attento!" disse l'uomo.

"Maledetto!" ribatté Fàdil infuriato.

Il proprietario del berretto scomparve e commentò:

"È questa la ricompensa per chi ti ha consegnato le chiavi del potere e del piacere?".

La rabbia, mescolata alla follia, lo avvolse e iniziò a bere invocando i demoni. Pervasero la sua mente pensieri carichi di passione, pensieri che lo tentavano e lo allontanavano dalla dignità e dal timore di Allah. Si manifestavano sotto forma di vampate di ardente follia che lo conducevano ora a Qamar, la sorella di Hasan al-Attàr, ora a Qùt al-Qulùb, la moglie di Sulaymàn al-Zayni. Pensava: "Considerato che il vino abita già nel mio stomaco, perché mai dovrei temere di ubriacarmi? Non mi resta altro che accettare dignitosamente la maledizione. Dopodiché verrò elevato in cielo. Che i demoni escano dalle loro bottiglie e che la punizione venga coronata con le vittime".

7.

"Perché Fàdil San'an?" si chiese Qamar al-Attàr. "È un sogno!"

Ma si accorse che il sogno aveva lasciato tracce innegabili. Era turbata e pensò: "Sembra opera di Satana!". Il terrore la invase e la morte comparve innanzi ai suoi occhi.

"È un incubo. Perché proprio Fàdil Sanʿan cui non avevo mai pensato?" si chiedeva Qùt al-Qulùb.

Dell'incubo erano però rimaste tracce reali e il terrore s'impadronì di lei. Sulaymàn al-Zayni scoprì che gli era stato rubato del denaro. Si recò dal capo della polizia, Khalìl Fàris. Qùt al-Qulùb tenne nascosto il proprio incubo, lo celò con il pensiero della morte che incombeva su di lei.

8.

Di giorno, Fàdil continuò a mantenere immutato il proprio stile di vita e non mancò di presentarsi al Caffè dei Principi. Continuava a ripetersi: "Che Allah abbia misericordia di te, Fàdil Sanʿan! Eri un bravo ragazzo come Aladino o forse addirittura migliore".

Nel suo vagare incontrò il folle e, come al solito, gli offrì alcuni dolci, ma questa volta il folle non allungò la mano; procedette per la propria strada come se non lo avesse visto. Era terrorizzato e le preoccupazioni volteggiavano intorno a lui come mosche. Il folle non aveva certo mutato comportamento senza un motivo. Forse aveva percepito che Satana si era impossessato di lui.

"Devo stare attento al folle!" mormorò Fàdil.

Vide il padrone del berretto che gli sorrideva, in segno di incoraggiamento.

"Hai ragione," gli disse. "E non è l'unico con cui devi stare attento!"

Sanʿan aggrottò le sopracciglia e si sentì umiliato.

"Lasciami in pace, sono affari miei!" ribatté Fàdil stizzito.

"Uccidi il folle!" disse l'uomo con calma, "non ti sarà difficile."

"Non darmi suggerimenti, non fa parte dell'accordo."

"Desidero che diventiamo amici, per questo ti suggerisco di uccidere anche al-Balkhi, quello shaykh ciarlatano."

"Non siamo amici, e io farò solo ciò che mi detta il mio libero arbitrio."

"Va bene, agisci come vuoi, ma non pentirtene. Soffri per via del mutamento di abitudini, malgrado ciò raggiungerai la saggezza illuminante e comprenderai la vita in modo appropriato."

"Ti stai burlando di me," esclamò Fàdil.

"Niente affatto. Ti sollecito a uccidere i tuoi nemici prima che costoro uccidano te."

"Lasciami in pace, sono affari miei," rispose Fàdil infastidito.

9.

Sopraggiunsero tristi avvenimenti: una misteriosa malattia colpì al contempo due belle nobildonne, Qamar al-Attàr e Qùt al-Qulùb, la moglie di Sulaymàn al-Zayni. A nulla servirono la sincera devozione e l'esperienza del dottor Abd al-Qàdir al-Mahini. Con la morte delle due signore, il medico rimase unico detentore di un delicato segreto e non sapeva come comportarsi. Avrebbe taciuto per proteggere la reputazione dei propri amici? Ma il silenzio avrebbe potuto forse giovare a un criminale. L'uomo rifletté a lungo, dopodiché si presentò al cospetto di Khalìl Fàris, il capo della polizia.

"Ti riferirò le mie preoccupazioni nella speranza che Allah ci conduca per la retta via."

Il medico prese fiato e continuò:

"Non è stata una malattia a uccidere Qamar, la sorella di Hasan al-Attàr, e Qùt al-Qulùb, la moglie di Sulaymàn al-Zayni. A mio parere è evidente che un veleno le ha lentamente uccise".

"Omicidio?" bisbigliò incuriosito il capo della polizia. "Perché? Perché mai un tale crimine?"

"Entrambe prima di morire hanno pronunciato il nome di Fàdil Sanʿan con disprezzo e terrore."

L'uomo scosse il capo con crescente interesse, mentre il medico continuò:

"Riassumendo: entrambe hanno sognato che Fàdil aveva abusato di loro. Poi hanno riscontrato tracce a dimostrazione che il sogno era realtà".

"È atroce! Le ha drogate?"

"Non so."

"Dove è avvenuto il sogno?"

"Nei letti delle rispettive dimore."

"È davvero atroce. Ma come ha potuto penetrare nelle case?

Come ha potuto drogarle per fare di loro quel che voleva? Aveva complici nelle due case?"

"Non so."

"Hai già rivelato ciò a Hasan e ad al-Zayni?"

"Non ne ho avuto il coraggio."

"Che cosa sai di Fàdil Sanʿan?"

"Che è un giovane senza macchia, è una delle persone migliori."

"Vi sono sospetti, anche se nessuna prova, che sia un kharigita."

"Non ne so nulla."

"Lo arresterò immediatamente," disse il capo della polizia, deciso, "e lo interrogherò attentamente."

"Ritengo che tu debba mantenere segreta l'indagine al fine di non intaccare la reputazione delle due donne," consigliò Abd al-Qàdir al-Mahini.

"Scoprire la verità è il mio compito principale," rispose Khalìl Fàris.

10.

Fàdil Sanʿan venne immediatamente arrestato e condotto in prigione. Il governatore del quartiere, Abbàs al-Khalìgi, si interessò di persona al caso. Convocò Hasan al-Attàr e Sulaymàn al-Zayni e li colse di sorpresa con il segreto che il dottore aveva temuto di rivelare. Fu per loro un colpo violento, pari alla forza della morte stessa. Al-Khalìgi ordinò che Fàdil Sanʿan venisse condotto al suo cospetto affinché lo potesse interrogare di persona. Khalìl Fàris tornò da solo e disse con enorme vergogna:

"Il criminale è fuggito. Non c'è traccia alcuna di lui in prigione".

Il governatore trasalì e rivolse al capo della polizia ogni genere di rimproveri e insulti.

"La sua fuga è un mistero," rispose l'uomo sconcertato, "sembra opera della magia nera!"

Il governatore gridò:

"È ancora peggio. È uno scandalo che farà vacillare i pilastri della certezza".

Gli agenti segreti della polizia si insinuarono in ogni dove come locuste. Vennero interrogate Akramàn, moglie di Fàdil, Husniyya, sua sorella, Umm Saʿad, sua madre, ma non venne a galla nulla di interessante.

"Mio marito è un uomo onesto," disse Akramàn scoppiando in lacrime, "non credo una sola parola di quel che si dice sul suo conto!"

11.

Fàdil Sanʿan si rese conto di essere ormai nel novero dei morti. Da quel giorno non vi fu più per lui altra vita se non quella con il berretto, come uno spirito maledetto che vaga solo nelle tenebre. Uno spirito maledetto che poteva muoversi solo nei territori della vanità e del male, privato del pentimento e della possibilità di compiere il bene. Era diventato un demonio lapidato. Mentre lamentava la propria tristezza, gli si presentò innanzi il proprietario del berretto.

"Hai forse bisogno di me?"

Fàdil lo guardò con odio, mentre l'altro, amichevolmente, disse:

"Il tuo potere è illimitato, non dimenticartene".

"È uno stato di non-essere."

"Distruggi le idee di un tempo e rivolgi l'attenzione alla tua presente fortuna."

"Solitudine, solitudine e tenebre. Ho perso moglie, sorella e madre, e anche i miei amici."

"Ascolta il consiglio di una persona che ha esperienza," rispose l'altro con calma, "ogni giorno puoi provocare un avvenimento che sconvolga gli uomini."

12.

Nel quartiere si succedettero eventi misteriosi che fecero dimenticare alla gente il caso e l'evasione del criminale. Un notabile venne scaraventato a terra mentre cavalcava la sua mula. Una pietra sfracellò la testa di Sàmi Shukri, il segretario particolare, mentre camminava attorniato dalle proprie guardie. Gioielli preziosi scomparvero dall'abitazione del governatore e un deposito di legna prese fuoco. Nel suq aumentarono i soprusi sulle donne. Il terrore tormentava le classi più ricche al pari di quelle più povere, mentre Fàdil Sanʿan procedeva lungo la propria strada ebbro di disperazione e follia.

Il governatore Abbàs al-Khalìgi convocò lo shaykh Abd Allah al-Balkhi, il dottor Abd al-Qàdir al-Mahini e il mufti e disse loro:

"Siete gli uomini migliori del nostro quartiere, desidero essere guidato dalla vostra opinione a proposito di quel che sta accadendo. Qual è la vostra diagnosi? Quale cura proponete?".

"Si tratta unicamente di una banda di uomini di malaffare," disse il medico, "che agisce con avidità e astuzia. Dobbiamo aumentare la sorveglianza per salvaguardare la sicurezza."

Rifletté alcuni istanti, poi aggiunse:

"Dobbiamo anche controllare la distribuzione della decima e delle elemosine".

"Ritengo," commentò il governatore, "che la questione sia più seria di quanto tu pensi. Che ne pensi, shaykh Abd Allah?"

"Ci manca la fede sincera," rispose ermeticamente lo shaykh.

"La gente è credente."

"Niente affatto!" rispose lo shaykh rattristato. "La fede sincera è più rara dell'unicorno."

Infine il mufti commentò aspramente:

"Stanno usando la magia nera contro di noi. Possono essere solo gli sciiti oppure i kharigiti!".

13.

Condussero in prigione tutti coloro su cui pendeva un indizio e numerose abitazioni vennero perquisite perché sospette. Per la prima volta Fàdil Sanʿan riuscì a vincere la propria disperazione. Si stupì di se stesso e si chiese se nella sua anima vi fosse ancora posto per la riflessione e il pentimento. Antichi ricordi riaffiorarono come se il vento stesse soffiando sul fuoco ardente. Iniziò a rivolgere le proprie frivolezze verso una nuova direzione. Ma il proprietario del berretto comparve al suo cospetto, lanciandogli un'occhiata attenta e gli chiese:

"Non sei ancora guarito dalla tua vecchia malattia?".

Sebbene ribollisse di rabbia, Fàdil si trattenne e disse umilmente:

"Scappare da costoro sarebbe il massimo della leggerezza".

"Ricorda il nostro patto."

"Che c'è di buono nella fuga davanti ai nemici della religione?" chiese in tono di sfida.

"Secondo te, costoro sono le guide e tu non sei altro che uno di loro. Non cercare di prenderti gioco di me!"

"Lasciami fare quel che desidero," ribatté Fàdil con determinazione e speranza, "poi farò quel che desideri."

Il berretto scivolò dal suo capo e il suo corpo si rimaterializzò tra la gente che passava in quel momento per la piazza del tiro a segno. Fàdil si spaventò del mutamento repentino, ma ancora prima che potesse reagire, l'altro gli rimise il berretto dicendo:

"Rispetta il nostro accordo, altrimenti lo farò ancora".

14.

Questo però non lo aiutò a mettersi in salvo. Venne pervaso da una sensazione di profonda amarezza. Si chiedeva come avrebbe potuto salvare gli amici e i fratelli. Si sentiva soffocare come oppresso da un collare di ferro. Era schiavo del berretto e del suo proprietario così come era prigioniero delle tenebre e del non-essere. No, non poteva mettersi in salvo. Oltretutto provava vergogna. Anche la disperazione sembrava da escludere. Nonostante tutte le stupidaggini che aveva perpetrato, non riusciva a sradicare dal suo cuore le melodie di un tempo. Desiderava ritrovare il vecchio Fàdil a ogni costo. Sì, il vecchio Fàdil se ne era andato, ma sulla sua strada c'era ancora spazio per agire. Dagli abissi dell'oscurità spuntò un raggio di luce. Per la prima volta dopo anni il suo spirito ritrovò vitalità. Il suo coraggio proruppe sotto forma di crescenti aspirazioni. Un'ondata di disprezzo provocatorio lo sollevò al di sopra della vita e della morte e poté osservare dall'alto un orizzonte di promesse, che preannunciava una morte nobile. Così avrebbe recuperato Fàdil Sanʿan, seppur sotto forma di un corpo senza vita.

Senza esitare si diresse alla casa del governatore. Il folle gli passò accanto ripetendo:

"Non c'è altro dio al di fuori di Allah. Egli è Colui che dà la vita e la morte, Egli è onnipotente su tutte le cose".

Fàdil aveva raggiunto un tale stato di frenesia e sconvolgimento da non provare paura alla vista del proprietario del berretto.

"Lasciami stare."

Si tolse il berretto dal capo e glielo gettò in faccia con queste parole:

"Fanne quel che vuoi".

"Ti faranno a pezzi."

"Conosco il mio destino meglio di te," esclamò Fàdil.

"Ti pentirai quando ormai sarà troppo tardi."

"Sono più forte di te."

Fàdil pensava che l'avrebbe colpito. Invece il proprietario del berretto si dileguò come sconfitto dalla sicurezza del giovane.

15.

Il processo a Fàdil San'an suscitò uno scalpore cui mai si era assistito prima. Le sue confessioni piombarono sulla città come un uragano. I notabili partecipavano poiché lo consideravano uno di loro, così come gli appartenenti alla classe povera. Le menti erano confuse e i sentimenti lottavano tra loro come tumultuosi mulinelli d'acqua. La piazza delle punizioni venne inondata da una marea di donne e uomini appartenenti a ogni classe sociale. Sospiri pietosi si mescolarono a voci maliziose, nella stessa maniera in cui il gemito del *rabab* si mescolò all'andirivieni degli ubriachi.

Quando il giovane comparve in lontananza, tutti gli sguardi si concentrarono su di lui. Avanzò tra le guardie con un incedere deciso, con volto sereno e umile rassegnazione. Giunto innanzi al tappeto delle esecuzioni, i pensieri si riversarono su di lui simili a un'unica ondata di splendida luce. I visi di Akramàn, al-Balkhi, Gamasa al-Bulti, Abd Allah il facchino e del folle navigavano sulle onde della sua mente. Amore e avventure, quaderni di preghiere e migliaia di incontri segreti nelle tenebre e all'aperto. Il berretto e il suo proprietario scomparvero come una caduta involontaria a seguito della quale era stata infranta la bottiglia dei suoi desideri frustrati. Infine la sua tragica vittoria si manifestò, trascinando con sé Shabìb Rama il boia. Nel giro di pochi secondi sentì di possedere una forza straordinaria e un'incredibile leggerezza. Allontanò sdegnato la disperazione e affrontò il proprio destino con freddezza e arroganza poiché vide, al di là della morte, un bagliore accecante. Vide anche un segno dell'altro mondo materializzarsi nella persona di Sahlùl il commerciante di mobili e oggetti d'arte. Rimase attonito. Dopo essersi riavuto, Fàdil domandò:

"Che ci fai qui?".

"La stessa cosa che fai tu," rispose l'altro.

"Sei l'angelo della morte!" esclamò Fàdil sorpreso, ma Sahlùl non rispose.

"Voglio giustizia!" disse Fàdil.

"Allah fa quel che desidera," rispose Sahlùl con calma.

MAʿRÙF IL CIABATTINO

1.

La sua apparente allegria celava numerose preoccupazioni interiori. I guadagni erano limitati, la moglie Firdaws al-Urra era avida, gretta e litigiosa, una donna forte e violenta. La sua vita era un inferno, divisa tra il lavoro quotidiano e la vita di coppia. Non passava giorno in cui ella non gli sferrasse un colpo oppure una maledizione, mentre Maʿrùf tremava innanzi a lei, timoroso e umiliato. Avrebbe voluto possedere il coraggio per ripudiarla e sognava la sua morte. Voleva fuggire, ma come? Dove? Si diceva che era prigioniero come Fàdil Sanʿan lo era stato di Satana. Forse l'unica soluzione era la morte.

Una notte ingerì più stupefacenti di quanto il suo corpo non potesse sopportare e si recò al Caffè dei Principi avvolto da una sensazione di benessere che il mondo stesso non poteva contenere. Guardò gli amici e, con un tono di voce tale che tutti gli avventori udirono, disse:

"Vi svelerò un segreto che non si può celare".

Ugr avrebbe voluto burlarsi di lui, ma ricordando la tristezza che lo affliggeva si trattenne.

"Vi racconterò la verità," continuò Maʿrùf, "ho trovato il sigillo di Salomone."

"Comportati bene innanzi a chi ti è superiore, stupido!" esclamò Shamlùl il gobbo.

"Dalle tue parole pare che tu ne abbia fatto uso," commentò Ibrahim l'acquaiolo, "ma dove sono i palazzi? Dove sono i servitori? Dove sono lo sfarzo e lo splendore?"

“Se non fosse per il timore che porto ad Allah, avrei fatto quel che nessuno può immaginare.”

“Mostraci un solo segno affinché possiamo crederti,” disse Ragab il facchino.

“Nulla di più semplice.”

“Perfetto. Sollevati verso il cielo e poi ridiscendi sano e salvo.”

“Oh sigillo di Salomone,” sussurrò Maʿrùf, “elevami al cielo.”

In quell’istante Sulaymàn al-Zayni urlò:

“Smettila di dire sciocchezze!”.

Ma immediatamente si interruppe. Maʿrùf provò una strana sensazione di terrore. Percepì che una forza sconosciuta lo stava sollevando dalla panca. Iniziò a innalzarsi con moto lento e costante. Tutti gli avventori balzarono in piedi, attoniti e terrorizzati. Maʿrùf, galleggiando nell’aria, si diresse verso la porta del locale, uscì in strada e gridò:

“Aiutatemi!”.

Quindi continuò a salire sino a disperdersi nelle tenebre della notte invernale. I clienti del Caffè si radunarono in strada, annunciando a squarciagola l’accaduto. La notizia si propagò come i raggi del sole in una giornata estiva. Ed ecco che lo videro planare piano piano sino a che i suoi lineamenti si poterono nuovamente discernere. Maʿrùf ritornò al proprio posto, benché in un indescrivibile stato di sfinimento e terrore. Tutti, notabili e popolino, gli si fecero intorno e lo assalirono di domande.

“Dove hai trovato il sigillo?”

“Quando lo hai trovato?”

“Che te ne fai?”

“Descrivici il genio.”

“Quando realizzerai i nostri desideri?”

“Non dimenticare gli amici,” gli disse Ugr.

“I tuoi compagni più poveri,” urlò Ibrahim l’acquaiolo.

“Fa’ le cose come si deve,” lo consigliò Ragab il facchino.

“Non dimenticare Allah, poiché a Lui tutto appartiene,” lo ammonì Sulaymàn al-Zayni.

Maʿrùf non intese nulla di quel che gli era stato detto. Non riusciva a capacitarsi di come era potuto accadere quel che era accaduto. Quale segreto possedeva? Quale miracolo aveva operato con le proprie mani? Avrebbe confessato loro la verità? La prudenza lo fece tacere. Desiderava restare da solo, riprendere fiato, riflettere. Si alzò senza profferire una sola parola e più di uno dei presenti si lamentò gridandogli:

"Non lasciarci confusi. Concedici una buona parola".

Malgrado la richiesta Maʿrùf abbandonò il locale senza rivolgere lo sguardo a nessuno.

2.

Si diresse a casa inseguito da una folla di uomini e donne che si accalcavano in strada e cercavano di avvicinarlo. Alcuni cadevano, altri si spintonavano a vicenda.

"Andatevene," gridava loro Maʿrùf, "altrimenti vi spedirò all'altro mondo."

In meno di un minuto la folla atterrita e confusa si disperse. Le voci svanirono e Maʿrùf trovò innanzi a sé solo Firdaws al-Urra, sua moglie, che lo attendeva sulla soglia di casa con una lanterna in mano.

"Egli concede il potere a chi vuole," commentò la donna.

Per la prima volta, dopo anni, gli sorrise. Maʿrùf le lanciò un'occhiata furente e le rifilò uno schiaffo che riecheggiò nel silenzio della notte.

"Sei ripudiata," esclamò Maʿrùf, "va' all'inferno!"

"Mi hai schiavizzata con la tua povertà e ora che la fortuna ti sorride mi abbandoni."

"Se non te ne vai immediatamente, il genio ti condurrà nella valle dei demoni."

La donna, spaventata, prese a gridare e si affrettò a uscire senza pensarci due volte. Egli, per la prima volta dopo anni, sorrise serenamente, ed entrò nella sua dimora, composta da una stanza e un corridoio.

3.

Che significa tutto ciò, Maʿrùf? È un sogno oppure è realtà? Sei veramente il detentore di un segreto? Si guardò intorno nella stanza quasi vuota e mormorò con cautela:

"Oh sigillo di Salomone, sollevami solo un palmo da terra!".

Attese l'esito, ansioso e preoccupato, ma nulla accadde. Si sentiva depresso e il suo animo venne pervaso da un'amara sensazione di fallimento. "Non mi sono forse librato nell'aria? Non sono forse gli abitanti del quartiere testimoni dell'avvenimento? Non è forse stata sconfitta al-Urra per la prima volta?"

"Oh sigillo di Salomone," implorò con il cuore sanguinante, "dammi una ciotola con un piccione cotto nella farina verde."

Purtroppo vide solo uno scarafaggio strisciare lungo il bordo della tovaglia lacerata. Guardò lo scarafaggio a lungo e scoppiò a piangere.

4.

Sotterrò nel suo intimo l'amarezza del fallimento. La considerò il suo segreto ed eresse una barriera tra sé e la propria lingua. Pensò di dover lasciare che tutto procedesse secondo il volere divino. Ma non doveva forse continuare a recarsi alla bottega per aggiustare scarpe, calzari e sandali? La gente avrebbe tollerato il suo comportamento, considerato che era il possessore del sigillo di Salomone? Senza lavoro, sarebbe forse morto di fame? Il giorno seguente, all'inizio del vicolo cieco in cui abitava, incontrò Khalìl Fàris, il capo della polizia. Pareva lo stesse attendendo. Khalìl gli rivolse un insolito sorriso e Maʿrùf capì che la gente lo osservava in quanto proprietario del sigillo di Salomone. Nel suo cuore si annidava una nuova speranza, decise quindi di recitare la propria parte con l'abilità necessaria sinché Allah avrebbe decretato il suo destino.

"Che Allah ti conceda la felicità, Maʿrùf!" disse Khalìl Fàris cordialmente.

"Ti auguro lo stesso, capo della polizia," rispose Maʿrùf con la sicurezza di chi possiede poteri cui nessun essere umano può aspirare.

"Il governatore del quartiere desidera incontrarti."

"Sia il benvenuto. Dove?" disse con indifferenza.

"Dove preferisci."

Scarafaggi! Banda di codardi!

"A casa sua," rispose Maʿrùf, "come comanda la buona educazione."

"Riceverai attenzione e protezione."

"Non temo alcun potere sulla superficie della terra," ribatté il ciabattino ridendo sprezzante.

"Ti attenderemo a mezzogiorno," concluse il capo della polizia, celando la propria rabbia e forse anche la propria paura.

5.

La gente lo osservava incuriosita. Maʿrùf, temendo che si accalcassero ancora intorno a lui, rientrò nella propria umile dimora. Vide Ugr il barbiere che lo informò che era ormai diventato l'unico argomento di conversazione non solo del quartiere, ma anche dell'intera città. Il miracolo che aveva operato aveva scosso alle fondamenta il palazzo del sultano. Venuto a sapere del suo prossimo incontro con il governatore, Ugr gli disse:

"Non preoccuparti di nulla e di nessuno, poiché tu sei l'uomo più potente al mondo. La gente ora è divisa tra coloro che temono il tuo potere poiché aspirano a mantenere il proprio, e coloro che ti ritengono una sorta di protettore della loro debolezza".

"Ricorda, Ugr, che appartengo ai fedeli servitori di Allah," precisò Maʿrùf celando la propria tristezza con un sorriso.

L'amico gli augurò prosperità e buona fortuna.

6.

Ad attenderlo nella sala trovò Abbàs al-Khalìgi, il governatore, Sàmi Shukri, il segretario particolare, Khalìl Fàris, il mufti e un gruppo di notabili. Costoro osservarono attoniti i suoi vestiti consunti. Il governatore lo invitò a sedersi al suo fianco e lo salutò calorosamente. Maʿrùf, sicuro di sé, si accomodò, circondato da sguardi ardenti di curiosità.

"Ho saputo che possiedi il sigillo di Salomone," esordì il governatore.

"Sono disposto," rispose Maʿrùf deciso e arrogante, "a sfidare chiunque avanzi dei dubbi in proposito."

"Desidero dunque sapere, in virtù della mia responsabilità, come ne sei entrato in possesso."

"Non mi è consentito rivelare il segreto."

"Come credi. Hai onorato la mia dimora, hai dimostrato di avere fiducia nella mia persona. Allah sia lodato."

"In verità, non ha nulla a che fare con la mia fiducia in voi," ribatté Maʿrùf con estrema astuzia, "poiché né voi né nessun altro può arrecarmi danno."

Il governatore assentì con il capo, occultando per il momento i propri sentimenti.

"Io e i miei amici credevamo di poter scambiare con te alcune opinioni. Allah eleva chi desidera e umilia chi desidera, ma dobbiamo venerarLo in ogni circostanza."

"È più appropriato che rivolgiate questo discorso a voi e ai vostri amici," commentò Maʿrùf il ciabattino con insolenza.

Il governatore impallidì in volto.

"È vero che ci siamo impossessati del potere a seguito di amare esperienze, ma da quel momento abbiamo applicato la Legge divina."

"La prova è alla fine."

"Tutti noi desideriamo solo ciò che rallegra i cuori. Che il nostro sultano Shahriyàr ci sia di esempio."

"Non nego che egli abbia voltato pagina nella sua vita, anche se non ha ancora raggiunto la perfezione cui aspira."

"La perfezione appartiene solo ad Allah."

Il governatore volse lo sguardo al mufti che disse:

"Devo dirti una parola, Maʿrùf, che spero tu voglia accettare da parte di un uomo che teme solo Allah. Egli mette alla prova i Suoi servitori con la felicità, con la disgrazia ed Egli è il più potente in eterno. Allah, Egli sia lodato, giudica il potente in base alla sua forza e il debole in base alla sua debolezza. Altri, prima di te, hanno posseduto il sigillo di Salomone e per loro è stata una maledizione. Che tu serva da esempio ai credenti e da monito per i miscredenti".

Maʿrùf sorrise, inorgoglito dalla forza di chi domina la situazione, e disse:

"Udite, uomini eminenti, è una fortuna che il sigillo di Salomone sia capitato nelle mani di un credente che invoca il nome di Allah mattina e sera. È una forza alla quale non potete opporvi, ciononostante la conserverò sino al momento opportuno. Posso ordinare al sigillo di costruire palazzi, di mobilitare eserciti e impossessarsi del sultanato, ma ho deciso di seguire un altro cammino".

I presenti sorrisero, per la prima volta, con l'animo sollevato e lo colmarono di elogi. Quindi Maʿrùf, con il cuore in gola, aggiunse:

"Tuttavia non rinuncio a un dono concessomi da Allah".

Tutti lo guardarono incuriositi.

"Ho immediatamente bisogno di mille dinari per sistemare alcune faccende."

"Calcolerò di quanto denaro dispongo," rispose il governatore sereno, "se non basterà chiederò aiuto al sultano."

7.

Maʿrùf ottenne il denaro richiesto e i notabili lo ricoprirono di infiniti regali. Acquistò un palazzo e incaricò, affinché provvedesse all'arredamento, Sahlùl, il quale trasformò il palazzo in un museo. Sposò Husniyya Sanʿan, la sorella di Fàdil. Strinse amicizia con Ugr il barbiere, Ibrahim l'acquaiolo e Ragab il facchino. Aiutò i poveri con generosità. Obbligò il governatore a fornire loro il sostentamento e a trattarli con rispetto. Il sorriso dei loro volti cancellò le rughe provocate dalle ristrettezze. Iniziarono ad amare la vita come amavano il paradiso.

8.

Un giorno venne convocato dal sultano Shahriyàr. Maʿrùf si recò al palazzo recitando la *basmala*, pronunciando la formula: "Non c'è forza e potere se non in Allah" e augurandosi la pace celeste. Il sultano lo ricevette nella residenza invernale, nella sala detta dei coralli.

"Benvenuto Maʿrùf, ho udito con le mie orecchie durante le mie peregrinazioni notturne le lodi che ti rivolgono i servitori di Allah. Ciò ha risvegliato in me il desiderio di vederti."

Con il cuore agitato, Maʿrùf rispose:

"Questo incontro è per me un favore superiore a quello del sigillo di Salomone".

"Sentimenti nobili di un uomo nobile."

Maʿrùf chinò il capo e si chiese nel frattempo che cosa avrebbe fatto qualora il sultano gli avesse chiesto un miracolo. Maʿrùf, verrai forse trasferito dal palazzo al tappeto dell'esecuzione?

"Come hai trovato il sigillo, Maʿrùf?"

"Ho promesso di mantenere il segreto," rispose il ciabattino con la voce tremula.

"Hai buone ragioni per non rivelarmelo, ma posso forse vederlo da lontano, senza toccarlo?"

"Nemmeno questo, mio signore. Quanto mi sento impotente a non poter esaudire i vostri desideri!"

"Non ti crucciare."

"Grazie per la vostra misericordia, mio signore."

"Mi stupisce," disse il sultano dopo un breve istante di esitazione, "che se solo tu lo volessi potresti sederti sul mio trono e nessuna forza potrebbe impedirtelo."

"Che Allah me ne guardi," esclamò Maʿrùf, "sono solo un credente servitore di Allah e non mi tenta alcun potere che sia in contrasto con la volontà divina."

"Sei un vero credente, il sigillo è nelle mani di un credente."

"Sia lodato il Signore del creato."

"Hai raggiunto la felicità, Maʿrùf?" domandò il sultano incuriosito.

"Una felicità senza confini."

"Il passato non offusca mai la tua felicità?"

"In passato ho vissuto una serie di disgrazie provocate da altri, non ho fatto nulla di cui dovermi pentire."

"Godi dell'amore, Maʿrùf?"

"Grazie ad Allah, ho una moglie che mi infonde felicità ogni volta che respira."

"Tutto ciò grazie al sigillo?"

"Solo grazie ad Allah, mio signore."

Il sultano tacque brevemente, poi Maʿrùf proseguì:

"Non c'è limite al potere del sigillo, ma non può conquistare i cuori".

Nel profondo degli occhi di Shahriyàr comparve una sorta di apatia che indicava disapprovazione. Tuttavia sorrise e disse:

"Mostrami come ti libri nel vuoto affinché il tuo turbante possa toccare le decorazioni della volta di questa sala".

La richiesta scosse il ciabattino come un terremoto scuote la vetta di un monte. Le sue speranze s'infransero. Comprese di essere finito.

"Non si addice," disse accaldato, "al cospetto di sua maestà il sultano."

"Ti solleverai da terra solo dietro mia richiesta."

"Mio signore, sono il vostro servitore Maʿrùf il ciabattino."

"Mi devi obbedienza, Maʿrùf."

"Allah è testimone di ciò," rispose con un nodo in gola.

"Quindi te lo ordino."

Si alzò e andò a sedersi a gambe incrociate al centro della sala. Si rivolse di nascosto al suo Signore: "Mio Signore, che si compia la tua volontà. Non lasciare che tutto svanisca come un sogno". Con il cuore in preda alla disperazione sussurrò:

"Sollevati, mio corpo, affinché il mio turbante tocchi il soffitto".

Chiuse gli occhi e si abbandonò al nero destino. Poiché non accadeva nulla, esclamò angosciato:

"Misericordia, mio signore!".

Ma prima che potesse pronunciare un'altra parola il suo cuore venne pervaso da una prorompente vitalità. Si sentì leggero e la paura svanì. Quindi una forza misteriosa lo sollevò, lentamente e dolcemente, seduto nel vuoto. Il sultano lo seguiva attonito, privato ormai della sua usuale compostezza. Il turbante di Maʿrùf toccò la volta di corallo. Infine ridiscese piano piano sino a ritornare seduto sul pavimento.

"Come è insignificante il sultano!" esclamò Shahriyàr. "Come sono insignificanti le vanità!"

Maʿrùf non riuscì a emettere una sola parola, poiché era più stupito dello stesso sultano.

9.

Non riusciva assolutamente a comprendere l'accaduto. Aveva cercato di utilizzare i poteri occulti a casa sua, ma invano. Grazie ad Allah era salvo. Che il suo potere agisse pure come credeva. Che scomparisse quanto tempo volesse, ma che poi ricomparisse a salvarlo nelle situazioni critiche. Accantonò tutti i dubbi per affidarsi ad Allah.

Era seduto nel giardino di casa sua, quando si presentò uno straniero che chiese di essere ricevuto. Pensando che avesse bisogno di qualcosa, Maʿrùf ordinò che lo si facesse entrare. Lo straniero indossava un elegante mantello persiano, un alto turbante, portava una barba ben curata e aveva un portamento distinto. Non c'erano dubbi sulla nobile origine di costui. Maʿrùf gli porse il benvenuto e chiese:

"Chi è il nostro nobile ospite?".

"Sono il proprietario di questo palazzo," rispose l'uomo con un tono simile a quello del martello sul metallo.

"Impostore!" esclamò Maʿrùf adirato.

"Sono il proprietario di questo palazzo," ribadì l'altro con crescente veemenza.

"Sono io il proprietario, non c'è dubbio," esclamò Maʿrùf.

"Tu sei solo un vile ciarlatano!" urlò lo straniero, lanciando un'occhiata intimidatoria.

"Sei pazzo!"

"Hai ingannato tutti, anche quello stolto del sultano, ma io ti conosco meglio di quanto non ti conosca tu stesso."

"Posso ridurti a pezzetti che il vento disperderà."

"Tu sei capace solo di cucire e risuolare scarpe. Ti sfido a farmi del male!"

Il cuore di Maʿruf iniziò a tremare. Perse la fiducia in se stesso, ciononostante, con una voce che, a prescindere dall'apparente fermezza, tradiva una profonda paura, disse:

"Non hai mai sentito parlare del miracolo al Caffè dei Principi?".

"Non ne ho mai sentito parlare perché sono io che l'ho realizzato. Quindi non cercare di imbrogliarmi. Sono io che ti ho salvato in presenza del sultano."

Maʿrùf supplicò di nascosto il sigillo di Salomone affinché annientasse l'uomo. Poiché non accadeva nulla, Maʿrùf si piegò sotto il fardello della disperazione.

"Chi sei?" domandò spaventato.

"Sono il tuo signore e il tuo benefattore."

Maʿrùf emise un gemito e rimase in silenzio.

"Sta a te mantenere il dono, se vuoi."

"Che cosa vuoi?" domandò con un filo di voce.

"Che tu uccida Abd Allah al-Balkhi e il folle."

"Ma se non riesco nemmeno a uccidere una formica!" rispose Maʿrùf terrorizzato.

"Ti fornirò i mezzi!"

"Perché lo chiedi a me, se sei tu a possedere la forza?"

"Non sono affari tuoi."

Ricordò la trappola tesa a Fàdil Sanʿan, ricordò la tragedia di Sanʿan al-Gammàli e Gamasa al-Bulti.

"Te lo chiedo in nome di Allah, liberami dalla tua richiesta," lo supplicò Maʿrùf.

"Nulla è per me più semplice che convincere il governatore della tua ipocrisia," ribatté l'altro ironico, "la gente non è tranquilla al tuo fianco e desidera solo la tua rovina per liberarsi della schiavitù cui la sottoponi. Ben presto, ti chiameranno affinché tu compia un miracolo sotto i loro occhi e se fallirai senz'altro ti picchieranno, ti assaliranno come tigri."

Uno sguardo triste e disperato pervase gli occhi del ciabattino, ma lo straniero non si impietosì.

"Sto aspettando la tua decisione."

“Sparisci dalla mia vista,” urlò Maʿrùf deciso, “non riesco a concentrarmi in tua presenza.”

“Mi assenterò un istante,” disse l’altro alzandosi, “se non mi chiamerai, verrà a cercarti il capo della polizia.”

Pronunciò queste parole e se ne andò.

10.

Lo abbandonò in un inferno cocente. Avrebbe ucciso Abd Allah al-Balkhi e il folle? Certo, desiderava ardentemente il dono promesso, ma egli era al contempo un uomo buono, debole e credente. Il fantasticare lo faceva vacillare, ma alla fine si trovava sempre ben saldo a terra, sull’orlo del baratro. Nelle tenebre della sua agonia balenò il lampo di un’idea felice. Perché non fuggire con Husniyya e i soldi? Corse a casa e ordinò alla moglie di indossare un mantello e nascose il denaro in un fagotto. La moglie domandò che cosa significasse tutto ciò, ma egli la informò che una volta al sicuro, le avrebbe rivelato il segreto.

Montarono sul dorso di due mule diretti alla darsena lungo il fiume. Ma mentre si avvicinavano al fondo della via, Maʿrùf vide Khalìl Fàris, il capo della polizia, che gli veniva incontro al comando delle sue truppe.

11.

Lo scandalo scoppiò e i suoi tamburi risuonarono in ogni angolo della città. I narratori divulgarono in ogni dove le confessioni di Maʿrùf il ciabattino. Alcuni cuori si tranquillizzarono, mentre altri sprofondarono negli abissi della disperazione. Si sapeva che Maʿrùf sarebbe stato giustiziato al più presto e che quindi avrebbe raggiunto Fàdil Sanʿan e Aladino. I poveri e i miserabili uscirono dai tuguri per riversarsi disordinatamente nelle strade. Rincorrevano le loro irrequiete emozioni. In un accalcarsi senza uguali, formarono un corpo gigantesco e infinito e manifestarono la loro protesta e i loro timori riguardo al futuro. Con la scomparsa di Maʿrùf scompariva anche il loro sostentamento. I loro volti erano nuovamente afflitti. Sospiravano addolorati, sussurravano con voce roca. L’amarezza li fece infuriare e la rabbia li fece ardere. Si inasprirono come pietre e si resero conto di essere diventati un'incontenibile ondata d'odio. Parevano un fiume impetuoso, quando sfilavano gridando:

"Maʿrùf è innocente".

"Maʿrùf è misericordioso."

"Maʿrùf non deve morire."

"Sia maledetto chi gli arreca danno."

Qualcuno suggerì di recarsi alla residenza del governatore, vi si diressero quindi in corteo simili a un torrente che discende scrosciando dalla vetta del monte. Giunti alla prima strada, l'esercito armato di tutto punto sbarrò loro il passo. In breve si scontrarono con lanci di frecce e pietre. Al tramonto rullarono i tamburi e una voce gridò:

"Smettete di lottare. Sta arrivando il sultano in persona".

Le due fazioni si separarono e regnò il silenzio. Il corteo del sultano giunse preceduto da un grande schieramento di cavalleria. Shahriyàr entrò nella residenza del governatore attorniato dagli uomini di stato. L'interrogatorio si protrasse tutta la notte. Poco prima dell'alba uscì l'araldo, mentre la pioggia cadeva lentamente bagnando i volti infuocati dalla preoccupazione. L'attesa era grande, ma nemmeno in sogno si sarebbero immaginati quel che sarebbe accaduto.

"È desiderio del sultano," annunciò l'araldo, "che il governatore venga trasferito in un altro quartiere e che questo quartiere venga governato da Maʿrùf il ciabattino!"

Si levarono grida e la gente si inebriò dell'evidente vittoria.

1.

Maʿrùf, il nuovo governatore, suggerì con tutta modestia al sultano che venissero trasferiti in un altro quartiere anche il segretario particolare, Sàmi Shukri, e il capo della polizia Khalìl Fàris e che gli fosse concesso di nominare Nur al-Din segretario particolare e il folle capo della polizia con il nuovo nome di Abd Allah il giudizioso. A sorpresa il sultano accolse la richiesta, dopo avergli domandato:

"Ti rassicura davvero che il folle sia il tuo capo della polizia?".

"Mi rassicura totalmente," rispose Maʿrùf convinto.

Dopo avergli augurato buona fortuna, Shahriyàr chiese:

"Quale sarà la tua politica, Maʿrùf?".

"Ho trascorso tutta la mia vita a riparare scarpe, questa abilità l'ho nel sangue," disse Maʿrùf umilmente.

Il visir Dandàn era preoccupato e non appena Maʿrùf se ne fu andato domandò al sultano:

"Non ritenete, mio signore, che il quartiere sia caduto in mano a gente inesperta?".

"Ci stiamo avventurando in una nuova esperienza," rispose sereno il sultano.

2.

Quella sera gli avventori del Caffè dei Principi stavano tranquillamente chiacchierando dei mutamenti avvenuti nel quartiere, quando apparve sulla porta del locale uno straniero. Era magro e slanciato, con una barba nera ben curata, indossava un mantello bagdadino, un turbante damasceno e calzari magrebini. Recava in mano una *misbaha* persiana i cui grani erano perle. Le lingue dei presenti si paralizzarono e tutti gli occhi si concentrarono su di lui. Nonostante fosse straniero, li osservò con uno sguardo sorridente e carico di familiarità. Improvvisamente Ragab il facchino balzò in piedi ed esclamò:

"Santo cielo, ma sei Sinbàd!".

Il nuovo arrivato scoppiò in una fragorosa risata e si fece incontro al vecchio collega con il quale si fuse in un caloroso abbraccio. Subito dopo i presenti iniziarono ad applaudire. Quindi Sinbàd si accomodò in un posto rimasto libero a fianco di Sahlùl portando con sé l'amico che sussurrò timidamente:

"Questo è il posto dove si siedono i notabili".

"Da questo momento sei il mio agente commerciale!"

"Quanti anni hai trascorso lontano da qui, Sinbàd?" domandò Shamlùl il gobbo.

"In verità ho dimenticato il tempo," rispose Sinbàd confuso.

"È come se fossero trascorsi dieci secoli!" esclamò Ugr il barbiere.

"Avrai visto mondi diversi. Che cosa hai visto, Sinbàd?" domandò il dottor Abd al-Qàdir al-Mahini.

"Ho molte storie meravigliose con cui rallegrarvi," rispose l'uomo compiaciuto del grande interesse che stava suscitando, "ma ogni cosa a suo tempo. Pazientate sino a che mi sarò sistemato."

"Allora ti racconteremo quel che è accaduto a noi," disse Ugr.

"Che ha fatto Allah di voi?"

"Molti sono morti e la popolazione è ormai stanca della morte," rispose Hasan al-Attàr, "molti sono nati, ma la popolazione non si è stancata della vita. Alcuni sono precipitati dalle vette, altri sono ascesi dai precipizi. C'è chi è diventato ricco dopo avere patito la fame, c'è chi è diventato povero dopo avere goduto della ricchezza. Sono giunti in città geni buoni e geni cattivi. L'ultima notizia è che Ma'rùf il ciabattino è il governatore del nostro quartiere."

"Credevo che gli avvenimenti straordinari appartenessero solo ai miei viaggi," esclamò Sinbàd, "ma ora sono davvero meravigliato!"

"Non c'è dubbio, Sinbàd, ormai sei ricco!" disse Ibrahim l'acquaiolo.

"Allah concede infinite fortune a chi desidera."

"Raccontaci qualche fatto meraviglioso che ti è capitato," lo supplicò Galìl al-Bazzàz.

"Ogni cosa a suo tempo," rispose Sinbàd giocando con la *misbaha* persiana, "devo acquistare un palazzo e devo aprire un negozio per vendere le rarità e i preziosi che ho trovato sulle montagne, nelle profondità marine e in isole sconosciute. Ben presto vi inviterò a cena e vi offrirò manicaretti prelibati e bevande esotiche. In quell'occasione vi racconterò i miei meravigliosi viaggi."

3.

Detto fatto acquistò un palazzo che si affacciava sulla piazza dei Cavalieri. Affidò a Sahlùl l'incarico di arredarlo e decorarlo, aprì un nuovo negozio nel suq del quale si occupò sin dal primo giorno Ragab il facchino. Nel frattempo Sinbàd fece visita al governatore. Quando si trovò da solo in sua presenza, si abbracciarono come vecchi amici. Ma'rùf gli narrò la sua storia e Sinbàd gli raccontò quel che aveva visto e quel che era accaduto nel corso dei suoi sette viaggi.

"Sei un alto dignitario," disse Sinbàd con affetto.

"Sono il servitore dei poveri sotto la protezione divina," rispose Ma'rùf convinto.

Sinbàd recò visita anche al maestro della sua giovinezza, lo shaykh Abd Allah al-Balkhi. Dopo avergli baciato le mani, gli disse:

"Ho vissuto sotto la tua egida solo il tempo sufficiente per acquisire i rudimenti dell'istruzione, ma ho imparato alcune parole che ancora adesso m'illuminano nelle tenebre delle avversità".

"Non serve a nulla un seme puro se non viene piantato in un terreno fertile," commentò lo shaykh dolcemente.

"Desideri forse ascoltare le mie avventure, maestro?"

"La conoscenza non si acquisisce attraverso molteplici narrazioni, bensì attraverso la ricerca e la pratica costante del sapere," disse lo shaykh sorridendo.

"Vi troverai cose che ti rallegreranno."

"Maledetta sia la persona cui interessa una sola cosa," rispose il maestro con scarso entusiasmo, "e il cui cuore si occupa solo di ciò che hanno visto i suoi occhi e udito le sue orecchie. Colui che ha conosciuto Allah è indifferente a tutto ciò che lo allontana da Lui."

Quando ebbe sistemato tutto, Sinbàd invitò i propri amici a un banchetto. Narrò loro quel che gli era capitato durante i suoi sette viaggi. I presenti divulgarono i suoi racconti in tutta la città, i cuori s'infiammarono e si accese l'immaginazione.

4.

Un giorno venne convocato da Ma'rùf, il governatore del quartiere.

"Gioisci, Sinbàd, perché il nostro sultano Shahriyàr desidera vederti."

Sinbàd se ne rallegrò e si diresse immediatamente a palazzo accompagnato dal capo della polizia Abd Allah il giudizioso. Ciononostante giunsero al cospetto del sultano solo verso il tramonto. Furono ricevuti nel giardino. Quando venne fatto accomodare, l'oscurità era già totale, mentre il vento primaverile trasportava la fragranza dei fiori sotto un cielo tempestato di stelle. Il sultano conversava con serenità e cordialità. Il suo cuore si era placato e il suo aspetto atroce aveva lasciato il posto all'amabilità e all'affetto. Il sultano gli chiese quale fosse stato il suo primo lavoro, quali conoscenze avesse acquisito e che cosa lo avesse spinto a viaggiare. Sinbàd rispose con la concisione che si confaceva, con rapidità e sincerità.

"Mi hanno raccontato molte cose sui tuoi viaggi," disse Shahriyàr, "tuttavia mi piacerebbe udire dalla tua viva voce quel che hai appreso viaggiando, quel che hai raggiunto facendo buon uso del tuo sapere. Ma non ripetere nulla, a meno che non sia necessario."

Sinbàd rifletté un istante, poi disse:

"Che Allah mi aiuti, mio signore".

"Sono ansioso di ascoltarti, Sinbàd."

L'uomo inspirò a pieni polmoni la fragranza proveniente dal giardino e iniziò:

"La prima cosa che ho imparato, mio signore, è che l'uomo viene tratto in inganno dall'illusione, poiché la crede una realtà; tuttavia non c'è salvezza per noi sino a che i nostri piedi pestano la terraferma. Quando, durante il primo viaggio, la nostra imbarcazione naufragò, ho nuotato aggrappato a una tavola di legno sino a raggiungere un'isola nera. Io e i compagni che erano con me ringraziammo Allah e iniziammo a cercare alberi da frutto. Poiché non ne trovammo nemmeno uno, ci radunammo sulla spiaggia, affidando le nostre speranze a qualche nave di passaggio. All'improvviso qualcuno gridò: 'La terra si sta muovendo!'. Barcollammo e cademmo a terra. Un altro gridò: 'La terra sta sprofondando!'. Di fatto l'isola stava per essere ingoiata dal mare. Io stesso fui travolto dalle acque. Comprendemmo che quella che avevamo creduto un'isola era semplicemente il dorso di un'enorme balena che, turbata dai nostri movimenti, si era rituffata maestosamente nel suo mondo. Iniziai a nuotare, affidandomi al destino, sino a che le mie mani cozzarono contro degli scogli, da cui mi trascinai verso una vera isola sulla quale trovai acqua e frutti. Vissi lì un po' di tempo, poi passò una nave e mi trasse in salvo".

"Come distingui l'illusione dalla realtà?" domandò il sultano.

"Dobbiamo fare uso dei sensi e dell'intelligenza donatici da Allah," rispose Sinbàd dopo un po' di esitazione.

"Continua, Sinbàd!" disse il sultano scuotendo il capo.

"Ho altresì appreso," proseguì Sinbàd, "che non bisogna dormire più del necessario, che la disperazione non ha ragione di esistere sinché c'è vita. Una volta la nostra imbarcazione s'incagliò sugli scogli taglienti di un'isola, affondò e sbarcammo quindi sull'isola in questione. Era spoglia, priva d'acqua e di alberi, ma fortunatamente recavamo con noi cibo e otri d'acqua. Vidi non molto lontano una grande roccia e mi dissi che avrei potuto dormire qualche istante alla sua ombra. Mi addormentai, ma al risveglio non trovai traccia alcuna dei miei compagni. Li chiamai, ma non ricevetti risposta. Ritornai alla spiaggia e vidi un'imbarcazione che stava scomparendo dietro l'orizzonte. Le onde s'infrangevano producendo un rumore di disperazione e morte. Mi resi conto che la nave aveva portato in salvo i miei compagni i quali, pervasi dalla gioia della salvezza, si erano dimenticati dell'amico che dormiva dietro la roccia. Non si udiva alcun suono che potesse provenire da un essere vivente e sulla superficie dell'isola si stagliava solo la sagoma della roccia. Però, che roccia! La osservai attentamente e notai che non era una roccia, come mi avevano fatto credere i miei occhi affaticati, bensì un uovo dalle dimensioni di un'enorme casa. Forse era l'uovo di qualche uccello? Venni colto di sorpresa dal pensiero della possibile esistenza di un ignoto nemico, mentre sprofondavo nel vuoto di una morte lenta. Quando la luce del sole si spense prese a galleggiare nell'aria qualcosa di nero. Sollevai lo sguardo e vidi un essere simile a un'aquila, ma cento volte più grande. Planò lentamente sino a posarsi sull'uovo. Mi accorsi che lo stava raccogliendo per portarselo via con sé. Mi balzò alla mente un'idea folle. Mi legai a una zampa del volatile, lunga quanto un albero maestro, e sorvolai al suo seguito la terra. Tutto mi sembrava piccolo e insignificante, come se non pulsasse in tutto ciò né speranza né dolore. Infine l'animale si posò sulla cima di un monte. Mi slegai e mi trascinai sino a un albero di una specie che non avevo mai visto. L'uccello si riposò un po', dopodiché proseguì il suo viaggio verso l'ignoto mentre io fui vinto dal sonno. Al mio risveglio il sole splendeva in cielo. Mangiai alcune erbe che raccolsi da terra al fine di saziare la fame, mentre placai la sete presso una cavità piena d'acqua limpida. In quel momento mi accorsi che il terreno emanava raggi di luce che mi accecavano la vista. Guardai meglio e scoprii che la superficie era di diamanti grezzi. Nonostante la delusione, la mia avidità mi spinse a raccogliere il maggior numero di pietre preziose che deposi nelle tasche dei miei calzoni. Infine discesi alla spiaggia, dove venni tratto in salvo da un'imbarcazione di passaggio."

"Si tratta del *rukh* di cui abbiamo sempre udito parlare, ma che non abbiamo mai visto," commentò placidamente il sultano. "Sei il primo uomo che ha volato con lui, Sinbàd, è bene che tu lo sappia."

"È il volere di Allah l'Altissimo," rispose Sinbàd con modestia. Quindi riprese la narrazione:

"Ho altresì imparato che il cibo è un alimento quando viene assunto con moderazione mentre diventa un pericolo se lo si ingerisce con ingordigia e questo ragionamento vale anche per i desideri della carne. Come in altre occasioni, una volta la mia nave s'incagliò e ci ritrovammo su un'isola governata da un re gigante di statura, ma al contempo uomo nobile e ospitale. Ci porse un benvenuto che superò enormemente le nostre attese. Sotto la sua protezione non facemmo altro che riposare e trascorrere le notti conversando. Ci offriva ogni genere di cibo sul quale ci scagliavamo come folli. Però, alcune parole insegnatemi dallo shaykh Abd Allah al-Balkhi nella mia giovinezza fecero sì che non eccedessi nel mangiare. Trascorrevo molto tempo pregando mentre i miei compagni trascorrevano il tempo abbuffandosi di cibo e dormendo sonni profondi a causa della sazietà. Aumentarono di peso diventando del tutto simili a barili pieni di carne e grasso. Un giorno il sovrano ci chiamò uno a uno, poi invitò i miei compagni a palazzo e rivolgendosi a me disse sdegnato: 'Sei come un terreno pietroso che non dà frutti'. Mi rattristai. Una notte decisi di andare a vedere quel che facevano i miei compagni. Vidi gli uomini del re che li macellavano per poi servirli al re che li divorava con gusto. Compresi immediatamente il segreto della sua generosità; fuggii sulla spiaggia dove venni tratto in salvo da una nave di passaggio".

"Che Allah faccia perdurare la tua devozione," sussurrò il sultano che subito dopo aggiunse: "Anche il re ha bisogno di devozione".

Sinbàd meditò brevemente sul commento del sultano, quindi proseguì il suo racconto:

"Ho anche imparato che atrofizzarsi sulle vecchie tradizioni è assurdo e pernicioso. La nostra imbarcazione affondò mentre era diretta in Cina. Un gruppo di passeggeri e io riparammo su un'isola dalla ricca vegetazione e dal clima mite. Regnava la pace ed era governata da un sovrano buono che ci disse: 'Vi considererò al pari dei miei sudditi. Avrete gli stessi diritti e gli stessi doveri'. Le sue parole ci rallegrarono e pregammo per lui. A dimostrazione della propria generosità, ci offrì alcune schiave affinché le sposassimo. La vita era semplice e piacevole. Accadde però che la moglie di uno dei miei compagni morisse. Il re predispose tutto per la sepoltura e, rivolgendosi al vedovo, disse: 'Sono rattristato. Separarmi da te mi addolora, ma le nostre tradizioni stabiliscono che il marito debba essere sotterrato al fianco della moglie defunta. Lo stesso vale per la moglie che deve essere seppellita al fianco del marito defunto'.

'Ma la nostra religione non prescrive ciò,' ribatté il mio amico terrorizzato.

'Non ci interessa la vostra religione,' precisò il re, 'le nostre tradizioni sono sacre.'

L'uomo venne sepolto vivo assieme al cadavere della moglie. La nostra serenità ne fu turbata e il futuro ci spaventava. Iniziai a osservare preoccupato mia moglie. Quando rimase incinta le sue condizioni fisiche peggiorarono e io fuggii immediatamente verso il bosco dove mi trattenni sino al giorno in cui passò innanzi alla spiaggia una nave. Mi tuffai in acqua e nuotai verso l'imbarcazione chiedendo aiuto. Mi raccolsero quando ormai ero sul punto di affogare".

"Le tradizioni appartengono al passato," mormorò il sultano, "vi sono cose del passato che ormai sono superate."

A Sinbàd parve che il sultano volesse aggiungere dell'altro, quindi rimase in silenzio. Shahriyàr lo pregò:

"Continua, Sinbàd!".

"Ho imparato anche che la libertà è la vita dell'anima e che il paradiso stesso non arricchisce l'uomo se quest'ultimo ha perso la propria libertà. La nostra imbarcazione s'imbatté in una tormenta che la distrusse. Fui l'unico superstite. Le onde mi sospinsero sino a un'isola dal dolce profumo, dal clima mite, ricca di frutti e torrenti. Placai la fame e la sete, mi lavai. Mi addentrai quindi nel cuore dell'isola nella speranza di incontrare qualcuno. Vidi un vecchio, ormai senza forze, disteso sotto un albero.

'Come vedi sono sfinito,' disse l'uomo, 'potresti portarmi sino alla mia capanna?'

Indicò con la barba la direzione e io non esitai a trasportarlo. Lo caricai in spalla e andai sino al punto che mi aveva indicato. Non trovai però traccia alcuna della capanna.

'Dove vivi vecchio?' domandai.

L'uomo con una voce portentosa, del tutto diversa da quella udita la prima volta, rispose: 'L'isola è la mia casa, la mia isola, ma ho bisogno di qualcuno che mi trasporti'.

Avrei voluto depositarlo a terra, ma non riuscivo a staccare le sue gambe dal mio collo. Era come se fosse legato a me con il ferro.

'Lasciami,' lo supplicai, 'sarò a tua disposizione ogni volta che vorrai.'

Scoppiò in un'ironica risata, ignorando del tutto le mie suppliche. Mi aveva condannato a essere suo schiavo per il resto della mia vita di modo che io non potessi più godere né della veglia né del sonno e non potessi provare piacere né nel cibo né nelle bevande. Un giorno però mi balenò un'idea. Iniziai a spremere acini d'uva, quindi lasciai fermentare il succo. Poi lo offrii al vecchio che si ubriacò, i suoi muscoli d'acciaio si rilassarono e riuscii a sollevarlo dalle mie spalle. Raccolsi una pietra e gli fracassai il cranio, salvando così il mondo dalla sua malvagità. Trascorsi sull'isola un periodo felice, non so quanto tempo, sino a che un'imbarcazione mi trasse in salvo."

Shahriyàr sospirò e disse:

"Di quante cose siamo schiavi nel mondo! Che altro hai imparato, Sinbàd?".

"Ho anche imparato che all'uomo possono accadere miracoli, ma non è sufficiente che ne tragga vantaggio, anzi deve considerarli una guida poiché rappresentano la luce divina che illumina il nostro cuore. Come le altre volte, la nave affondò e riparai su un'isola chiamata Isola dei sogni. Era un'isola abitata da belle fanciulle di ogni colore e fattezza. Il mio cuore s'infatuò per una di loro, la sposai e fui molto felice. Quando le abitanti dell'isola acquistarono fiducia in me, mi comunicarono che sarei potuto rimanere quanto desiderassi. Mi gettai a capofitto in un'esperienza che nessun uomo aveva vissuto prima. Mia moglie, di nascosto, mi disse:

'Bada a non nominare mai il nome di Allah in pubblico, altrimenti ti arderanno vivo'.

Mi resi subito conto che il sangue di Satana scorreva nelle loro vene e decisi quindi di fuggire. Mi librai nell'aria a lungo con un unico obiettivo: trovare la mia città che ho raggiunto, grazie ad Allah, Signore del creato, quando ormai disperavo di trovarla."

Il sultano tacque un istante, poi commentò:

"Hai visto meraviglie che nessun occhio umano ha mai visto, hai imparato diverse lezioni, quindi goditi la ricchezza e la saggezza che Allah ti ha donato".

5.

Shahriyàr si alzò in piedi con il cuore agitato da opprimenti emozioni. Si addentrò nel giardino, seguendo la passeggiata reale, simile a un minuscolo spettro che procede tra le imponenti sagome degli alberi e sotto infinite stelle. Voci del passato pervadevano le sue orecchie cancellando le melodie provenienti dal giardino. Grida di vittoria, eccessi d'ira, i lamenti delle vergini, il fervore dei credenti, i canti degli ipocriti e la chiamata alla preghiera in nome di Allah dall'alto dei minareti. La falsità della gloria bugiarda gli apparve evidente come una maschera di carta straccia che non può celare le serpi della crudeltà, la tirannia, il saccheggio e il sangue che si nascondono dietro di lei. Maledisse suo padre e sua madre, coloro che pronunciavano le *fatwa*, la poesia e i poeti, i cavalieri della falsità, il ladri del Tesoro pubblico, le prostitute appartenenti a nobili famiglie, l'oro saccheggiato e sperperato in coppe di vino, i turbanti, le pareti decorate e l'arredamento sfarzoso, i cuori vuoti, le anime suicide e le risate sarcastiche dell'universo.

Rientrò dalla passeggiata verso mezzanotte. Chiamò Shahrazàd, la fece accomodare al suo fianco e le confidò:

"Quanto assomigliano i racconti di Sinbàd ai tuoi!".

"Tutti sgorgano da una stessa sorgente, mio signore."

Il sultano tacque come se stesse ascoltando il fruscio dei rami e i gorgheggi degli uccelli.

"Avete forse intenzione di uscire per una delle vostre passeggiate notturne?" domandò a Shahriyàr.

"No," rispose il sultano e con un filo di voce aggiunse: "ormai quasi tutto mi annoia".

"L'uomo saggio non si annoia," disse Shahrazàd con compassione.

"Io?" esclamò il sultano meravigliato. "La saggezza è una qualità difficile da raggiungere. Non si eredita come il trono."

"Oggi la città festeggia la vostra immensa saggezza."

"E il passato, Shahrazàd?"

"Il vero pentimento cancella il passato."

"Compresa l'uccisione di fanciulle innocenti e di uomini di valore?"

"Il vero pentimento..." disse la giovane con la voce tremante.

"Non cercare di ingannarmi, Shahrazàd!" la interruppe il sultano.

"Mio signore, sto dicendo la verità."

"La verità," replicò con asprezza e durezza, "è che il tuo corpo si avvicina mentre il tuo cuore si allontana."

Shahrazàd si spaventò. Era come se l'avessero spogliata nell'oscurità.

"Mio signore!"

"Non sono saggio, ma nemmeno stupido. Quante volte ho percepito la tua avversione e il tuo rancore?"

"Allah conosce tutte le cose..." iniziò a dire Shahrazàd con la voce spezzata, ma il sultano la interruppe.

"Non mentire e non avere paura. Hai vissuto sinora con un uomo annegato nel sangue dei martiri."

"Tutti noi lodiamo i tuoi meriti."

Senza badare alle sue parole, Shahriyàr proseguì:

"Sai perché ti ho tenuta al mio fianco? Perché nella tua avversione trovavo il continuo tormento che meritavo. Quel che mi rattrista è che credo di meritare un castigo ancora maggiore".

Shahrazàd non poté trattenere le lacrime ed egli disse con delicatezza:

"Piangi, Shahrazàd, perché piangere è meglio che mentire".

"Non posso separarmi da te dopo questa notte," gridò la giovane.

"Il palazzo è tuo e di tuo figlio che domani governerà la città. Sono io che devo andarmene con il fardello del mio sanguinoso passato."

"Mio signore!"

"Per dieci anni ho vissuto combattuto tra la tentazione e il dovere. Ricordo tutto anche se fingo di avere dimenticato. Mi ritengo educato e conduco una vita normale. Agisco e poi mi pento. Avanzo e retrocedo. Mi sento tormentato in tutte le situazioni. È giunto ormai il momento di rispondere alla chiamata della salvezza, alla chiamata della saggezza."

"Mi rifiuti quando il mio cuore si apre a te," confessò Shahrazàd.

"Non tornerò più a cercare cuori umani," dichiarò perentorio.

"Il destino ci separa e si prende gioco di noi."

"Dobbiamo accontentarci del nostro destino."

"Il mio posto naturale è seguire la tua ombra," disse Shahrazàd amareggiata.

"Il sultano," rispose con calma e indifferente alle emozioni, "deve andarsene prima di perdere la ragione. In quanto uomo devo cercare la mia salvezza."

"Esponi la città all'orrore."

"Al contrario, apro le porte della purezza mentre vago alla ricerca della mia salvezza."

Nell'oscurità Shahrazàd allungò la mano verso la sua, ma l'uomo si ritrasse dicendo:

"Va' a svolgere il tuo dovere. Hai educato il padre e ora devi preparare il figlio a un destino migliore".

6.

Sinbàd pensava che avrebbe potuto beneficiare del lavoro e delle conversazioni notturne per tutto il resto della sua vita, ma ebbe un sogno e al risveglio non riuscì più né a dimenticare né a cancellarne l'effetto. Che cosa era quello struggimento? Era forse destinato a trascorrere la vita vagando per le onde del mare? Chi era colui che lo chiamava da dietro l'orizzonte? Chiedeva forse al mondo più di quanto non gli avesse già dato? La sera chiuse il negozio e si recò a casa di Abd Allah al-Balkhi convinto che lo shaykh avrebbe risolto il suo problema. Per strada incontrò Zubayda, la figlia dello shaykh, e gli crollò la terra sotto i piedi. La sua visita assunse un nuovo scopo. Trovò lo shaykh in compagnia del dottor Abd al-Qàdir al-Mahini e si sedette sconcertato.

"Maestro," disse Sinbàd, "sono venuto a chiedere la mano di tua figlia."

Lo shaykh gli lanciò uno sguardo penetrante, quindi, sorridendo, disse:

"No, sei venuto per un altro motivo".

Sinbàd rimase attonito e non profferì parola.

"Mia figlia, da quando suo marito Aladino è stato ucciso, si è consacrata al cammino."

"Il matrimonio non distoglie dal cammino," sussurrò Sinbàd.

"Ella ha già pronunciato l'ultima parola a proposito."

Sinbàd sospirò tristemente e lo shaykh gli chiese:

"Che cosa ti ha condotto a me, Sinbàd?".

Seguì un lungo silenzio.

"La preoccupazione, maestro."

"Non hai venduto le tue mercanzie?" domandò il dottor Abd al-Qàdir al-Mahini.

"È una preoccupazione per la quale non trovo alcun motivo tangibile."

"Spiegati meglio, Sinbàd," lo esortò lo shaykh.

"È come se avessi ricevuto un invito proveniente dal mare."

"Allora viaggia," concluse semplicemente Abd al-Qàdir al-Mahini, "nei viaggi vi sono molti benefici."

"In sogno ho visto l'uccello *rukh* che sbatteva le ali."

"Forse è un invito verso il cielo," commentò il maestro.

"Sono un uomo di mari e isole," ammise Sinbàd.

"Sappi che non puoi raggiungere il livello di devoto se non superi sei ostacoli. Il primo consiste nella chiusura della porta degli agi e nell'apertura di quella dell'asperità. Il secondo consiste nella chiusura della porta della notorietà e nell'apertura di quella dell'anonimato. Il terzo consiste nella chiusura della porta del riposo e nell'apertura di quella dello sforzo. Il quarto consiste nella chiusura della porta del sonno e nell'apertura di quella della veglia. Il quinto consiste nella chiusura della porta della ricchezza e nell'apertura di quella della povertà. Il sesto consiste nella chiusura della porta della speranza e nell'apertura di quella della preparazione alla morte."

"Non appartengo a questa classe di credenti," rispose Sinbàd educatamente, "la porta della devozione è aperta per altre persone."

"Quel che hai detto è vero," commentò Abd al-Qàdir al-Mahini.

"Se vuoi che sia più facile," disse lo shaykh rivolgendosi a Sinbàd, "allora mangia quel che hai a disposizione, vestiti con quel che trovi e accontentati di quel che Allah ha riservato per te."

"Mi basta adorare Allah, maestro."

"Allah guarda nei cuori dei suoi santi. Alcuni di loro non riescono nemmeno a imparare una lettera dell'alfabeto ed Egli li mantiene occupati nell'adorazione."

"Egli ha visto e ha udito," disse Abd al-Qàdir al-Mahini allo shaykh, "sono felice per lui."

"Benedetto chi ha solo una preoccupazione e il cui cuore è occupato solo da quel che vedono i suoi occhi e ascoltano le sue orecchie."

"I richiami provengono da mille e una meraviglie."

Lo shaykh recitò:

In esilio piango, non lacrima più l'occhio dello straniero.
Il giorno in cui ho abbandonato il mio paese non era il mio fato.
Che strano, una patria in cui abita la mia amata ho lasciato.

Al-Mahini guardò lo shaykh e poi disse:

"È un viaggiatore, maestro. Congedalo con una buona parola".

Lo shaykh sorrise dolcemente e si rivolse a Sinbàd:

"Se salvi la tua anima da te stesso, avrai pagato quel che le spetta, mentre se la gente si salva da te, avrai pagato quel che le spetta".

Sinbàd si chinò sulla sua mano e la baciò. Quindi guardò il medico con gratitudine. Stava per alzarsi quando quest'ultimo appoggiò la mano sulla sua spalla e disse:

"Va' in pace e torna carico di diamanti e saggezza, ma attento a non ripetere gli errori".

Sul volto di Sinbàd comparve un'espressione di perplessità. "Sei il primo uomo che ha volato con il *rukh*," continuò al-

Mahini, "e che hai fatto? Lo hai lasciato alla prima occasione, attratto dalla lucentezza dei diamanti."

"Non credo ancora di essermi potuto salvare."

"L'uccello *rukh* vola da un mondo sconosciuto a un altro mondo sconosciuto, salta dalla vetta del Waq alla vetta del Qaf. Non accontentarti di qualsiasi cosa, poiché è il volere dell'Altissimo."

Era come se Sinbàd avesse bevuto dieci boccali di vino.

QUELLI CHE PIANGONO

1.

Shahriyàr abbandonò il trono e lo sfarzo, la moglie e il figlio. Si allontanò, sconfitto da ciò che sconvolgeva il suo cuore, nel momento in cui il suo popolo aveva dimenticato i suoi peccati di un tempo. La sua educazione aveva richiesto un lungo periodo. Compì il passo decisivo quando la paura raggiunse l'apice e il desiderio di salvezza ebbe la meglio. Se ne andò da palazzo di notte, indossando un mantello e recando con sé un bastone, arrendendosi al proprio destino. Poteva percorrere diverse strade: viaggiare come Sinbàd, recarsi a casa di al-Balkhi oppure prendersi del tempo per riflettere. I suoi passi lo condussero sino a uno spiazzo all'aperto nelle vicinanze della lingua verde. Qui giunsero alle sue orecchie rumori strani. Tese l'udito sotto la mezzaluna crescente che splendeva nel cielo puro ed ebbe la certezza che si trattava di un gruppo di persone che singhiozzava. Gente che piangeva in quel luogo? Si diresse cautamente verso il luogo da cui provenivano le voci e si nascose dietro la palma. Vide una roccia simile a una cupola attorno alla quale erano seduti alcuni uomini che non cessavano di piangere. La curiosità di Shahriyàr si accese e molti pensieri si accalcarono nella sua mente. All'improvviso uno degli uomini si alzò, andò sino alla roccia e le diede un pugno. Poi ritornò al suo posto e continuò a piangere con gli altri compagni. Shahriyàr osservò attentamente i presenti e riconobbe alcuni suoi ex sudditi: Sulaymàn al-Zayni, Fadl ibn Khaqàn, Sàmi Shukri, Khalìl Fàris, Hasan al-Attàr e Galìl al-Bazzàz. Pensò di unirsi a loro per scoprirne il segreto, ma la prudenza lo trattenne. Poco prima dell'alba, uno di loro si alzò e disse:

"Ora dobbiamo tornare alla casa del dolore".

Smisero di piangere e si alzarono promettendo di tornare il giorno seguente. Quindi si diressero in città simili a fantasmi.

2.

Che significato aveva tutto ciò?

Shahriyàr si avvicinò alla roccia, compì un giro completo intorno a essa. Non era altro che una roccia a forma di cupola dalla superficie irregolare che non attirava nemmeno l'attenzione del passante. La toccò e la trovò ruvida. La colpì più volte e quando stava per andarsene la roccia emise un forte rumore. Nella parte inferiore scoprì un ingresso a volta. Arretrò, tremando dalla paura, ma vide una luce tenue e venne pervaso da una fragranza narcotizzante. La paura scomparve. Una voce misteriosa gli rivelò che quella era la porta che gli uomini cercavano di aprire e per la quale non smettevano di piangere. Si avvicinò, fece capolino e venne ammaliato da quel che vide. Non appena fu entrato, la porta si chiuse dietro di lui, ma la bellezza del luogo lo soggiogò. Era illuminato, ma non c'era alcuna sorgente di luce. Era ventilato, ma non c'era alcuna finestra. Si respirava un gradevole profumo, ma non c'era alcun giardino. Il pavimento era bianco splendente, di un metallo sconosciuto. Le pareti erano di smeraldo, il soffitto era adornato con coralli dai colori complementari. In fondo a un passaggio c'era una porta luccicante come se fosse incastonata di diamanti. Procedette senza esitare, dimenticando quel che aveva alle spalle. Pensava di raggiungere la porta in uno o due minuti, invece camminò a lungo, combattendo le tentazioni, senza che la distanza si riducesse. Temeva che fosse una strada senza fine, ma non aveva alcuna intenzione di tornare indietro né di fermarsi e godette di questa inutile passeggiata verso l'infinito. Quando stava per dimenticare che il suo cammino aveva uno scopo, si trovò nei pressi di una pozza d'acqua limpida dietro la quale c'era uno specchio. Udì una voce che diceva:

"Fa' quel che ti sembra bene".

Subito obbedì ai propri desideri, si spogliò e si tuffò in acqua. I flutti lo massaggiarono con angeliche dita. Uscì dall'acqua, si guardò allo specchio e vide che era diventato un giovane forte con un corpo ben proporzionato. Il bel viso, con i baffi incipienti, sprizzava giovinezza sotto i capelli neri.

"Sia lodato Allah potente su ogni cosa!" sussurrò Shahriyàr.

Ritornò ai propri indumenti al cui posto trovò dei pantaloni in seta damascena, un mantello bagdadino, un turbante khorasaniano e calzari egiziani. Si vestì assumendo un aspetto magnifico.

Continuò a camminare e si trovò di fronte al passaggio. Davanti a quest'ultimo trovò una giovane dalla bellezza celestiale.

"Chi sei?" domandò la fanciulla sorridendo.

"Shahriyàr," rispose confuso.

"Qual è il tuo compito?"

"Fuggire dal passato."

"Quando te ne sei andato dalla tua patria?"

"Più o meno un'ora fa."

"Sei un po' debole in matematica!" esclamò la ragazza senza poter trattenere le risate.

Si scambiarono una lunga occhiata; quindi la giovane disse: "È molto che ti aspettiamo. Tutta la città ti sta aspettando".

"Sta aspettando me?" domandò Shahriyàr stupito.

"Sta aspettando lo sposo promesso della sua eccelsa regina."

Ella fece un cenno con la mano e la porta si aprì producendo un lamento simile a quello del *rabab*.

3.

Shahriyàr si trovò in una città che non era stata costruita da esseri umani. Per bellezza, splendore, eleganza, pulizia, profumo e clima pareva il paradiso. Gli edifici e i giardini, le vie e le piazze erano adornate con ogni genere di fiori. La sua superficie color zafferano era cosparsa di laghetti e ruscelli. La città sembrava essere abitata solo da donne. Erano tutte giovani e belle come angeli. Accortesi della sua presenza, corsero lungo la passeggiata reale che conduceva a palazzo. Si inchinarono al suo cospetto, intonando melodie di ringraziamento. Shahriyàr andò a palazzo con la giovane.

4.

Shahriyàr fu abbagliato dallo splendore del palazzo quasi fosse uno degli accattoni del villaggio. Il suo palazzo di un tempo gli apparve come un volgare tugurio. La giovane lo condusse alla sala del trono. La regina risplendeva nel suo trono affiancata da fanciulle simili a perle. La giovane s'inchinò davanti alla sovrana e disse:

"Il vostro promesso, mia signora!".

Il sorriso della regina gli fece perdere la ragione.

"Non sono che un umile servitore di sua maestà."

"No, sei il mio compagno in amore e nel regno," rispose la regina con una voce melodiosa.

"Il dovere mi impone di rivelarti che in passato ho vissuto una lunga vita sino a raggiungere la vecchiaia," ammise sincero e fiducioso.

"Non so di che stai parlando," commentò la regina con dolcezza.

"Sto parlando della morsa del tempo, maestà."

"Per noi il tempo è un amico che non opprime e non tradisce."

"Sia lodato Allah che è potente su tutte le cose," sussurrò Shahriyàr.

Per quaranta giorni la città festeggiò il matrimonio.

5.

Il tempo trascorse tra l'amore e la meditazione. C'era tempo anche per la devozione che si manifestava nel bere, nel canto e nella danza.

A Shahriyàr parve evidente che avrebbe avuto bisogno di mille anni per scoprire i segreti del giardino e di altri mille anni o più per conoscere le sale e i padiglioni del palazzo. Un giorno, in compagnia della regina, passò davanti a una piccola porta in oro nella cui serratura c'era una chiave in oro incastonata di diamanti. Sulla porta c'era una targa scritta con inchiostro nero che diceva: "Non avvicinarti a questa porta".

"Perché mai questo ammonimento, amore?" domandò alla regina.

"Qui viviamo in assoluta libertà," rispose con la solita dolcezza, "quindi consideriamo quel monito come un insulto imperdonabile."

"Non puoi impartire un ordine reale?"

"Qui l'imperativo si usa solo in amore. Quella targa è lì, come tu la vedi, da milioni di anni."

6.

Mentre stava abbracciando la moglie, Shahriyàr le chiese:
"Quando avremo un figlio?".
"Pensi a un figlio quando siamo sposati solo da cento anni," rispose stupita.
"Solo cento anni?"
"Né più né meno, amore."
"Credevo fossero solo alcuni giorni," sussurrò Shahriyàr.
"Il passato non si è ancora cancellato dalla tua testa," commentò dispiaciuta.
"In ogni caso sono felice," disse quasi volesse scusarsi, "felice come nessun uomo lo è mai stato."
"Conoscerai la vera felicità quando avrai dimenticato il passato."

7.

Ogni volta che passava davanti alla porta proibita la guardava con curiosità e quando se ne allontanava doveva subito farvi ritorno. Gli opprimeva la mente e il cuore.
"Tutto è chiaro tranne questa porta," si diceva.

8.

Un giorno la sua resistenza cedette e si arrese alla chiamata misteriosa. Approfittò della distrazione delle inservienti per girare la chiave. La porta si aprì facilmente emettendo un suono magico ed emanando un delizioso profumo. Entrò con il cuore agitato, ma colmo di speranza. La porta si richiuse e gli comparve un orribile gigante che si chinò su di lui e lo sollevò tra le mani come se fosse un passerotto.
"Lasciami, in nome di Allah!"
Quasi rispondendo alla sua richiesta, il gigante lo rimise a terra.

9.

Shahriyàr, che stava impazzendo, si guardò intorno.
"Dove sono?" domandò.

Il deserto, la notte, la mezzaluna crescente, la roccia, gli uomini e i continui lamenti. Shahriyàr, il suo bastone e l'aria inquinata della città.

"Misericordia, misericordia!" gridò con il cuore infranto. Prese a pugni la roccia sino a che dalle sue mani sgorgò sangue.

Ma la realtà piombò su di lui e venne pervaso dalla disperazione. Le spalle s'incurvarono e ritornò vecchio. Non aveva scelta. Si diresse zoppicando verso gli uomini e si mise in fondo alla fila. Improvvisamente scoppiò a piangere come gli altri sotto la mezzaluna crescente.

10.

Poco prima dell'alba gli uomini, come al solito, se ne andarono, mentre egli restò e non smise di piangere. Un uomo che passava di lì si avvicinò e gli chiese:

"Perché piangi buonuomo?".

"Non ti interessa," rispose Shahriyàr bruscamente.

"Sono il capo della polizia," affermò l'altro scrutando il volto dello sconosciuto, "e non ho oltrepassato i limiti della mia autorità."

"Le mie lacrime non turbano la sicurezza pubblica."

"Lascia che sia io a giudicare, rispondimi," disse Abd Allah il giudizioso.

Shahriyàr rimase in silenzio. Quindi, come se fosse estraneo all'intera situazione, continuò:

"Tutti gli esseri piangono afflitti per la separazione".

"Non hai una dimora?" chiese Abd Allah con un sorriso misterioso.

"No."

"Desideri fermarti sotto la palma nei pressi della lingua verde?"

"Forse," rispose Shahriyàr indifferente.

"Ti riferirò le parole di un uomo di esperienza: 'Una prova della reticenza della verità è che quest'ultima non spiana a nessuno il cammino né priva alcuno della speranza di raggiungerla. Lascia la gente a cavalcare per i deserti dell'incertezza e ad annegare nei mari del dubbio. Chi crede di averla raggiunta si è separato da lei, chi pensa di essersene allontanato ha perso la strada. Non la si può raggiungere se non la si sfugge, è inevitabile'."

Dopo aver pronunciato queste parole, Abd Allah si diresse verso la città.

Glossario

Ashurà: giorno di digiuno volontario per i musulmani.

Basima e *Mushabbik*: piatti tipici arabi.

Basmala: formula che apre quasi tutte le sure coraniche ed è utilizzata anche prima di compiere azioni di una certa importanza. Consiste nelle seguenti parole: "Nel nome di Allah Clemente e Misericordioso".

Fatiha: è la prima sura del Corano, considerata dai musulmani anche una preghiera di ringraziamento ad Allah.

Fatwa: responso di un giureconsulto in materia giuridica o culturale in rapporto alla Legge musulmana.

Ginn: spiritello appartenente alla tradizione araba; può essere buono o cattivo, musulmano e non.

Kharigiti: setta musulmana sorta nel 657 d.C. a seguito dei dissensi tra i seguaci del califfo Ali su questioni concernenti la sua successione. Furono a capo di numerose rivolte contro il potere centrale.

Khidr: personaggio della tradizione musulmana cui si accenna, senza nominarlo, anche nel Corano (XVII, 64).

Izraìl: angelo della morte.

Misbaha: sorta di rosario utilizzato dai musulmani per recitare giaculatorie o semplicemente da tenere in mano.

Qarun: personaggio della tradizione islamica.

Rabab: strumento a corde simile a una chitarra.

Ragab: il settimo mese del calendario musulmano.

Rukh: nome di un fantastico uccello della mitologia araba.

Sciiti: setta costituita dai seguaci di Ali. Attualmente la loro roccaforte è rappresentata dalla Repubblica Islamica d'Iran.

Shaykh: titolo conferito a dignitari religiosi.

Zalabiyya: specie di frittella spolverata di zucchero.

Zawiya: sede di una confraternita religiosa.

INDICE

Stampa Grafica Sipiel
Milano, marzo 2008